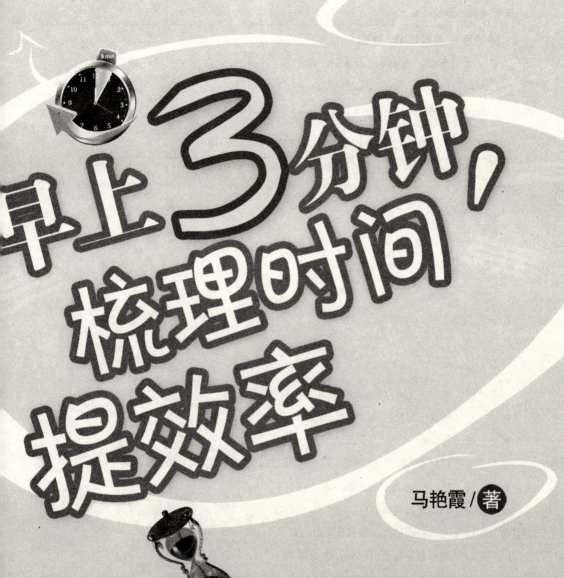

早上3分钟, 梳理时间提效率

马艳霞/著

北京理工大学出版社
BEIJING INSTITUTE OF TECHNOLOGY PRESS

图书在版编目(CIP)数据

早上 3 分钟,梳理时间提效率/马艳霞 著.—北京:北京理工大学出版社,2011.6
ISBN 978 - 7 - 5640 - 4508 - 1

Ⅰ.①早… Ⅱ.①马… Ⅲ.①时间—管理　Ⅳ.①C935

中国版本图书馆 CIP 数据核字(2011)第 084842 号

出版发行 / 北京理工大学出版社

社　　址 / 北京市海淀区中关村南大街 5 号

邮　　编 / 100081

电　　话 / (010)68914775(办公室) 68944990(批销中心) 68911084(读者服务部)

网　　址 / http://www.bitpress.com.cn

经　　销 / 全国各地新华书店

排　　版 / 北京精彩世纪印刷科技有限公司

印　　刷 / 保定市中画美凯印刷有限公司

开　　本 / 710 毫米×1000 毫米　1/16

印　　张 / 12.25

字　　数 / 158 千字

版　　次 / 2011 年 6 月第 1 版　2011 年 6 月第 1 次印刷　　　　　　责任校对/周瑞红

定　　价 / 22.00 元　　　　　　　　　　　　　　　　　　　　　　　责任印制/边心超

前　言

　　时间不会变长或者变短，它对每个人都是十分公平的，不会因为你是富人就变长，也不会因为你是穷人就缩短。不过，有些时候你会发现，有的人总是能将生活和工作安排得井井有条，在他们看来时间是充裕的；而有些人却总是觉得时间不够用，做了工作，就没法顾及生活。这是为什么呢？

　　可以肯定，绝对不是时间"偏心"，给他们多拨了"款"，而是有些人自己让时间变"长"了，这其中的学问就在于，合理地利用时间。你可以通过对自己的工作进行分析、评估、整理，加之合理的计划、沟通，进而让你的效率最大化，可想而知，效率提高了，自然就会省时，省下的时间你就可以安排自己想做的事情。

　　因此，不是时间不够用，而是你没有好好利用它，只要你愿意，时间是可以"挤"出来的。

　　曾经有这样一个著名的故事，正说明了这一点。

　　有一位管理学家为一些 MBA 学员上课，一走上讲台，他并没有例行地做开场白，而是拿出一个空的、透明的玻璃容器，然后将一些小石块放到容器中，放满后，他问大家说："满了吗？"

　　学员们异口同声地说："满了。"

　　管理学家二话没说，又拿出一些细沙子，向着瓶口倒去，只见那些沙子很快便充满了那些石头的缝隙，直到瓶口处。

　　管理学家又问大家说："满了吗？"

　　大家这下停顿了一下，回答说："满了。"

　　管理学家笑了笑，拿起一壶水，顺着瓶口倒了进去。台下的学员们都

默不作声，等待着专家为大家揭示其中的道理。专家看出了大家的心思，开口问道："谁能告诉我，这说明了什么？"

其中一位学员忙说："它告诉我们，无论你时间多么紧凑，如果你确实努力，你可以做更多的事！"

管理学家摇摇头，说："不尽然，这个例子告诉我们，如果你不先放大石块，那你再也不能把它放进瓶子里了。"

这个故事揭示了，做事情之前一定要知道什么对你最重要，比如，是与你的爱人共度时光，还是追求梦想……不管如何，一定要先去处理这些大石块，因为你的时间在哪里，成就就在哪里。如果时间都用在了石块上，你的成就就像石块；如果都用在了沙子上，那成就如沙；用在水上，成就若水。古语云，"求乎上取乎中，求乎中取乎下"，如何抉择，全在你自己。

大多数人对时间管理也不是全然没有概念，只是他们多数只停留在理论层面，而在实践环节存在纰漏，与其成天自叹"逝者如斯夫"，不如找出问题的关键，管理好自己的时间。一个人生命的价值靠什么来衡量这个很难说，但生命的长短是以时间来衡量的，如何在有限的时间里成就自己所能成就的一切，就全靠你的时间管理能力的高低了。

这本《早上3分钟，梳理时间提效率》就是在这样的前提之下诞生的。它不求最齐全，但求最有效、最贴心，让读者懂得如何管理和利用好自己的时间，从而做个生活和工作的达人。

当然，在编写过程中也会有很多不甚完善之处，希望广大读者予以斧正和谅解，以求与大家共勉，在利用时间方面，没有谁是专家，没有谁天生就只能做学生，只要用心体会，抱以对时间尊重的心态好好对待它，你就会有所收获！

目　录
CONTENTS

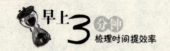

▶第四章　**管理他人的时间** /149

第一章

理解时间

1. 分析时间

关于时间，有很多的名言和警句对其进行了定义和说明，比如，岁去弦吐箭；一寸光阴，一寸金，寸金难买寸光阴；时间就是生命，时间就是速度，时间就是力量；最严重的浪费就是时间的浪费……那么，时间究竟是什么东西，让无数哲人、圣贤对其如此盛赞和敬畏？

实际上，时间是一个与人类一样古老的概念，它也是现代物理学的重要研究课题，为了更好地认识时间，不妨读一下下面这个小故事。

如果银行每天早晨向你的账号拨款8.64万元，你在这一天可以随心所欲，想用多少就用多少，用途也没有任何的规定。条件只有一个：用剩的钱不能留到第二天再用，节余也不能归自己。前一天的钱你用光也好，分文不花也好，第二天你又有8.64万元。请问：你如何用这笔钱？

这只是一个形象的比喻，8.64万元实际上是这样得出的：每天有24小时，每小时有60分钟，每分钟有60秒，总计就是8.64万秒。

这个故事要告诉我们的就是时间的真实含义，它显然具有如图1-1所示的基本特性。

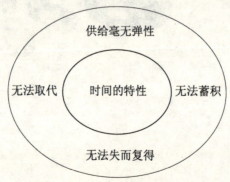

图1-1 时间的基本特性

正因为时间有这样的特性，使得人们在现实生活和工作中不得不面临一些困境：时间总是不够用，在有限的时间内总是有做不完的工作，总是无法按照预期的目标完成任务，总是手忙脚乱，工作和生活一团糟，顾此失彼……

之所以会出现这些问题，是因为你在管理自己的时间方面出现了差错。时间虽是有限的，却可以通过合理安排、精心梳理而让它变得"充裕"，这就是为什么同样的时间，对不同的人却有着截然不同的意义。因此，为了更好地利用时间，还需要对你所拥有的时间有个正确的分析和梳理。

据权威调查显示，如果男性的平均寿命为72岁，那么，他们一生的时间构成和花费通常按照下面的表1-1进行分配。

表1-1   以72岁为平均寿命的男性的时间构成及花费

与生活有关的构成项目	花费时间/年	与工作有关的构成项目	花费时间/年
睡觉	21	工作	14
个人卫生	7	打电话	2
吃饭	6	开会	3
旅行	6	找东西	1
排队	6	其他	3
学习	4		

由此可见，一个人真正用于工作的时间不足一生的三分之一，如何利用这有限的时间，做出更多的成绩，就成为了每个职场人士亟待解决的问题。俗话说，一日之计在于晨。清晨是一个人工作和生活的全新开始，这时你应该抽出3分钟，对一天的工作和生活进行精心的安排和计划，这样才能让你的工作更具效率，具体可以分为以下三个步骤。

◎ 第一分钟：整理

将所有应该完成的工作一一罗列出来，且工作条理要清晰，尽量做到详细、全面，没有遗漏。

◎ 第二分钟：排序

将罗列出来的工作进行排序，并遵循"主要的、重要的、紧急的先做"的原则。

◎ 第三分钟：精简

化繁为简，即把复杂的事情简明化。例如，省去不必要的工作，安排合理的顺序，简化事务性工作和增强预见性。

唯有如此，才能让你在有限的工作时间内，做到不慌乱、不拖沓、效率井然。如若不然，就会让你陷入时间管理危机之中，本来应该在8小时之内完成的工作，却被一拖再拖，总是无法摆脱：时间管理差→效率低→单位时间业绩差→拼命加班→更加劳累→效率更低→时间管理更差的恶性循环。

可以说，只有正确地认识时间，才能合理地分析和梳理时间，而这一切又是为高效地利用时间作准备。

2. 时间的利用方法

很多人可能都有这样的感觉：时间总是不够用，总是有太多的重要的事情没有时间处理，总是到了下班时间，仍旧有没完没了的工作需要忙……众所周知，每一天的时间是固定的，它不会因为你是张三或者李四而或长或短，所以在单位时间内要想做更多的事情，唯有提高效率，即提高时间利用率。那么，如何才能提高时间利用率呢？

这就涉及时间利用的问题，方法得当，就能达到事半功倍的效果。否则，即使给你再多的时间，依旧是不够用。

传统的时间利用方法包括以下 3 种。

方法一："二八"法则

对这一方法大家应该都不陌生，它就是著名的帕累托定律，其核心就是投入少量时间，做大量工作，为了达到这一目标就必须提高工作效率（见图 1-2）。

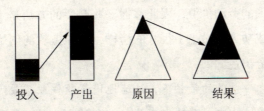

投入　　产出　　原因　　　结果

图 1-2　"二八"法则时间管理法图示

方法二：有效时间管理法

该方法由美国管理大师德鲁克所创，其主旨在于将时间利用分为三个阶段：记录自己的时间，以认清时间耗费在什么地方；管理自己的时间，设法减少非生产性工作的时间；集中自己的时间，由零星而集中，成为连

续性的时间段（见图1-3）。

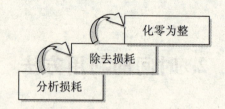

图1-3　有效时间管理法图示

方法三：ABC 分类法

"ABC 分类法"的基本原理为：处理任何事情都要分清主次、轻重，区别关键的少数和次要的多数，根据不同的情况进行管理，从而帮助人们正确地观察并做出决策。例如，可将任务分为 A、B、C 三个级别，如表所示 1-2。

表1-2　ABC 分类法示意表

A 级任务	B 级任务	C 级任务
极其重要	重要性一般	不太重要、不重要
数量 <15%	数量 >20%	数量 >85%
价值 >85%	价值 <20%	价值 <15%
自己干、不授权	策略性规划、规定期限	授权、删减

可以说，时间对于每个人来说都极其重要和宝贵，唯有高效利用时间才能创造出更大的劳动价值，因此掌握一些必要的方法是十分有益的。在这方面，很多成功人士做出了很好的榜样，比如微软的创始人比尔·盖茨先生做得就十分出色。

微软在比尔·盖茨的带领下，迅速地进军软件业，最终在软件业独占鳌头。可以想象，比尔·盖茨在领导如此大的企业时，所要解决的事情有多少？宏观的、微观的都需要他处理。其中，处理电子邮件就是一件烦琐的事情，有人统计过，比尔·盖茨每天所要处理的邮件多达 400 万封，这样看来，如果不是在利用时间方面有一套，光是这些邮件就够他受的。

事实上，比尔·盖茨不仅有效地处理了这些邮件，同时还腾出更多的时间做了更重要的事情。那么，他是如何做到的呢？其实就三点：首先，他采用邮件过滤机制；其次，削减电子邮件总数目；最后，先回应，后回复的两步策略。

仔细考量一下，盖茨的做法是否与上面那些方法不谋而合呢？

其实，无论是在家里还是在工作中，每个人都要合理支配自己的时间，你能否高效地利用好有限的时间，将决定你从生活中获益多或者少。因此，每天早上起来不妨花3分钟思考一下下面的三句话。

◎ 第一分钟：更聪明地做事

很多人的时间之所以不够用，是因为他们总是重复着做一些简单的事情，如果能在最短的时间内，找一些可以更容易、更快捷、更有效的方式把事情做完，那么你就会省出大量的时间去做更重要的事情。

◎ 第二分钟：试着使用一些新知识或者新工具

生产工具的改进，提高了生产效率。同样，有一些新的知识和方法的应用，同样可以提高做事的效率，所以不妨多学习一些最新的知识，掌握最新的工具，提高效率，这样就可以节省更多时间。

◎ 第三分钟：不断地改进做事的方法

事情总是在变，方法就不能一成不变，只有不断地改进做事的方法，全速前进，才能最有成效地利用你的时间。

3. 自我评估

自我评估的目的就是要认清自己时间利用的现状，包括你是否是个做事高效的人？你做事情是否讲究方式、方法？你个人在利用时间方面存在哪些问题？为什么你自己总是很忙？你的时间都浪费在哪里？

为了让你对自己的时间利用现状有个全面的考量，最快捷的方法就是完成下面的测试表格（见表 1-3）。

表 1-3　时间利用现状自我评估一览表

问题设置说明：				
下面将就个人在利用时间方面的一些问题一一列出，并在每个问题后面设置四个选项，它们分别是： A. 代表的意思是：与我的情况完全符合，我向来如此 B. 代表的意思是：与我的情况比较符合，我有时就是这样做的 C. 代表的意思是：与我的情况不太符合，我几乎不这样做 D. 代表的意识是：与我的情况完全不符，我从来不这样做 为了使测试更加接近你的真实情况，务必在进行选择时要客观作答				
在做事之前，从不分析事情本身的特性，不区分各项工作的主次顺序	A	B	C	D
在做事之前会按照事情的重要性、紧急性，将其分为 A 类、B 类、C 类……	A	B	C	D
一般情况下，会先挑选重要且紧急的事情来做	A	B	C	D
对自己十分了解，清楚地知道自己最高效的工作时间段，并将重要且紧急的事情安排在这个阶段来完成	A	B	C	D
新的一天开始之时，会列出一张表格，上面将当天必做的每件事情都一一罗列	A	B	C	D
给每天要做的每一件事情规定一个开始和完成的时间，并严格按照清单来执行	A	B	C	D
习惯利用表格管理时间，从每天、每周，到每月，都有清晰的工作列表	A	B	C	D

比较注重归类，尽量将相同类型的工作放在一起来完成，比如，处理电子邮件、开会、见客户、处理文件等	A	B	C	D
经常在开会或者参加某个重要聚会时，会打断正在进行中的事项，去做其他事情，比如接电话等	A	B	C	D
工作和生活分得较开，尽量不把工作带回家中来完成	A	B	C	D
虽然习惯订计划表，但是很少能够按照计划完成所列事项	A	B	C	D
工作随意性大，经常是开会时接电话，批阅文件时与人交流工作。总之，事无大小，只要想起来什么，就去做什么	A	B	C	D
不注重条理性，比如办公桌摆放十分杂乱无章，经常为寻找某些文件而大费周章	A	B	C	D
总是一个任务未完成，就去接受另一个任务，来回在两个任务或者两件事情间忙碌	A	B	C	D
基本上能自己做的事情，绝不找人帮忙	A	B	C	D
在做事情时，不喜欢被人打断	A	B	C	D
总是喜欢最先做自己喜欢做的工作，推迟做自己不喜欢做的工作	A	B	C	D
不懂得拒绝，在现实中是难得的"好好先生"，基本上有求必应，哪怕自己真的很忙，也会硬着头皮答应下所托之事	A	B	C	D
经常熬夜加班，作息不规律	A	B	C	D
习惯于在工作之外享受完全放松的生活，不喜欢被打扰，所以经常不愿意向别人透露工作之外的行踪	A	B	C	D

总计得分：

计分规则说明：

1~10题：选 A 得 4 分；选 B 得 3 分；选 C 得 2 分；选 D 得 1 分

11~20题：选 D 得 4 分；选 C 得 3 分；选 B 得 2 分；选 A 得 1 分

最终得分说明：

60~80分：恭喜！你的时间利用现状不错，对于时间利用很有一套，是一个在生活和工作中都很专业和出色的人，知道如何生活和工作才更有效率，并懂得"塑造良好的习惯能减少时间的不必要浪费"的道理。

40~59分：值得庆幸。因为你的情况还不算太糟，通过一些努力和改进，仍有不断提升的空间。虽然你在工作和生活中会遇到一些问题，尤其是工作条理性和效率性方面稍显不足，但是这些并非致命的缺陷，只要经常记得自我约束，在平时注意克制自己的惰性，再稍加改进，就可以有不错的结果。

39分以下：糟糕！这说明你的时间利用能力十分缺乏，对于如何利用你的时间完全不在行，其实很多都源于你的不良习惯和做法。因此，你应该立即行动起来，致力于重新规划和组织好你的生活和工作，不要再继续浪费大量的时间，这对于你的效率和效力而言是危险的

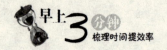

通过简单的测试，来评估自己的时间利用现状，无则加勉，有则改之。当然，改进的方法可因人而异，但是改进的观念却是每个人都必须具备的。为此，每天早上起来不妨花3分钟这样做：

◎ 第一分钟：照镜子

看看自己是否出现了久违的"黑眼圈"，这说明你睡眠质量的好坏，从另外一个角度来说，一个工作和生活都有条理的人，不会因为琐事而失眠。

◎ 第二分钟：敲"警钟"

做一下自我评估，看自己在哪些方面做得还不够，不断地让自己向着合理的方面发展，不断地提升自己的时间利用能力。

◎ 第三分钟：奖惩

及时发现自己的不良或者良好习惯，不好的要及时纠正，必要时要给自己一点小"惩戒"；反之，来点奖励以资鼓励也是必要的。

无疑，每个人都应该对自己有个清醒的认识，只有知道自己在哪些方面存在不足，才能有针对性地加以改正，时间利用能力的培养更是如此。坏的行为可以养成不好的习惯，自然好的行为只要经常重复，就会成为良好的习惯。

4. 时间管理的重要性

所谓时间管理就是人们可以通过使用各种方法、工具以及技术来做事情，以实现一定的目标。当然，时间管理也不可能帮助你做完所有的事情，而是让你在单位时间内做更多的事情，从而达到有效利用时间的目的。可以说，时间管理的目的除了要决定你该做些什么事情之外，另一个很重要的目的是决定什么事情不应该做。时间管理不是完全的掌控，而是降低变动性。时间管理最重要的功能是通过事先的规划来提醒与指引自己的行为。

古语说"逝者如斯夫"，意思是光阴一旦流逝，就再也无力换回，所以每个人都要珍惜生命，故而时间管理的重要性也就体现在这里。

很多人常常自我嗟叹，工作压力大，工作任务多，实际上，果真如此吗？其实压力的背后绝大部分是因为无法有效掌握时间所造成的，因为人生犹如一盘棋，坐在对面跟你下棋的正是"时间"。很多事实也证明，大凡在所处岗位上有所成就的人，肯定是善于利用时间的人，必定是一位时间管理方面的专家，因为他们尊重时间，重视时间管理，所以"时间"给他们带来了成效。

既然时间管理如此重要，为什么还是有很多人不懂得如何利用时间呢？这主要是因为人们在对时间管理的认识上存在着一些误区（见表1-4）。

表1-4　人们对时间管理的认识上存在的误区

误区	表现
工作无计划	无计划是导致时间管理缺乏成效的罪魁祸首，这样做的后果是，做事目标不明确；无法养成工作归类的习惯；不懂得轻重缓急；时间分配缺乏原则性
工作无组织	这主要是说，在做事时不懂得与人沟通、合作；不懂得将职责明确化，结果造成工作内容重复，工作时断时续

续表

误区	表现
控制力不够	总是习惯拖延时间；不擅处理"不速之客"的打扰；不擅处理无端电话的打扰；被无休止的"会议病"所困扰
做事缺乏条理	尤其是在一些细节上缺乏规划，比如办公桌杂乱无章，文件堆积如山等，于是将大量时间浪费在了寻找某件东西上
缺乏进取心	人最大的敌人就是自己，如果一个人缺乏进取意识，那么他做任何事情的态度都是消极的，总是拖拉，找借口，经常在工作中闲聊，抱怨等

实际上，之所以会出现这些误区，是因为人们对时间管理重要性认识的不足。如果你总是处于迟钝的时间感觉中，换言之，当你觉得时间可有可无，不愿面对工作中的具体事务，而沉溺于"天上随时掉下大馅饼"的美梦，那就需要深刻地反省自己了，因为你随时在丧失宝贵的机会，随时可能被别人赶超。

因此，每天早晨起来，一定要花3分钟做以下三件事情，从而让你对时间管理的重要性有足够清醒的认识。

◎ 第一分钟：设定每天的目标

因为没有目标的人只能帮助别人达成目标，所以他们的时间也是由别人来支配。因此，要想改变这种局面，就要给自己设定一个目标，每天一个小目标，日积月累就会实现一个大目标。与其花时间来抱怨，不如花时间来改变命运，改变生活。

◎ 第二分钟：制订计划

有了目标，就要安排去实现它，不把时间浪费在一些计划之外的事情上，专注于做最重要、最有价值的事情。

◎ 第三分钟：执行到位

力求将每件计划之内的事情都做到位，这样就可以避免重复劳动而造成时间方面的浪费。

可见，时间管理的重要性不言而喻，它可以让你在尽可能少的时间内创造更大的价值，获得工作满足感；进行时间管理，可以减少工作失误，获得较大的成就感与满足感，减少工作压力和生活压力；进行时间管理，可以提升工作效率，获得接受更高级别任务的资格，从而更容易达成事业目标和人生目标。

如若不然，则有可能导致时间不够用、付出的努力得不到预期的结果；由于工作进度缓慢而导致心情烦躁等一系列的负面影响，从而导致工作效率低下，个人工作成就感降低。

5. 诊断自己的时间管理能力

知道了时间管理的重要性之后，就要对自己的时间管理能力进行一次全面检查，和大多数技能一样，时间管理能力并非天赋，它可以通过后天的努力得以提高。因此，你的当务之急就是看看自己的水平在哪个段位上，从而制定出相应的提高之法。

在此，我们引入了时间管理自我诊断量表，用来帮助大家客观地诊断自己的时间管理能力（见表1-5）。

表1-5 时间管理自我诊断量表

说明：	
在此共设置了14道相关问题，这些问题均与你的日常生活和工作息息相关，也是你平时对待时间的一些态度和方式，为了客观地诊断出你的时间管理能力，你需要根据你的实际情况加以作答，每个问题后面给出三种答案，选择与你最符合的那一项。 另外，计分规则为：选择A得1分，选择B得2分，选择C得3分。	
1. 星期天，早晨醒来时发现外面正在下雨，你会怎么办？	
A. 接着再睡	
B. 仍在床上逗留	
C. 按照生活规律，穿衣起床	
2. 吃完早饭，上课之前，你还有一段自由时间，怎样利用？	
A. 无所事事，不知不觉地过去了	
B. 准备学点什么，但不知道学什么好	
C. 按制订好的学习计划进行，充分利用	
3. 除每天上课外，对所学的各门课程，在课余时间里怎样安排？	
A. 没有任何学习计划，随心所欲	
B. 按照自己最大的能力来安排复习、作业、预习，并紧张地学习	
C. 按照当天所学的课程和明天要学的内容制订计划，严格有序地学习	

4. 每天晚上怎样安排第二天的学习时间?	
A. 不考虑	
B. 心中和口头做些安排	
C. 书面写出	
5. 为自己拟定了"每日学习计划表",并严格执行。	
A. 很少如此	
B. 有时如此	
C. 经常如此	
6. 每天的作息时间表有一定的灵活性,以便留出一定时间去应付预料不到的事情。	
A. 很少如此	
B. 有时如此	
C. 经常如此	
7. 当你学习忙得不可开交,而又感到有点力不从心时,你会怎样处理?	
A. 开始泄气,认为自己笨,自暴自弃	
B. 有干劲和用不完的精力,但又感到时间太少,仍拼命学习	
C. 每天花时间分析检查自己的学习时间分配是否合理,找出合理安排学习时间的方法,在有限的时间里提高学习效率	
8. 在学习时,常常被人干扰打断,你怎么办?	
A. 听之任之	
B. 抱怨,毫无办法	
C. 采取措施,防止外界干扰	
9. 学习效率不高时,你怎么办?	
A. 强打精神,坚持学习	
B. 休息一下,活动活动,轻松一下,以利再战	
C. 把学习暂停下来,转换一下兴奋中心,待效率最佳的时刻到来,再高效率地学习	
10. 阅读课外书籍,怎样进行?	
A. 无明确目的,见什么看什么,并常读出声来	
B. 能有选择性地阅读	
C. 目的明确,阅读快速,增强阅读能力	

11. 你喜欢什么样的生活？	
A. 按部就班，平静如水	
B. 急急忙忙，精神紧张	
C. 轻松愉快，节奏明快	
12. 你的手表或书房的闹钟经常处于什么状态？	
A. 常常慢	
B. 比较准确	
C. 比标准时间快一点	
13. 你书桌上摆放的物品井然有序吗？	
A. 很少如此	
B. 偶尔如此	
C. 常常如此	
14. 你经常反省自己处理时间的方法吗？	
A. 很少如此	
B. 偶尔如此	
C. 常常如此	
注：将每一道题目的得分相加，如果得分太低，就意味着你在时间管理方面存在着严重的问题，需要对此高度警惕，并努力寻找改进的方法	

对于如何提高时间管理能力，在此给出以下几点建议，可以每天花3分钟时间对此进行实践，以便尽可能快地完成时间管理能力的提升。

◎ **第一分钟：增强时间观念**

牢记："最严重的浪费就是时间的浪费。""放弃时间的人，时间也会放弃他。"

◎ **第二分钟：制订时间使用计划，并认真执行**

以星期为单位制订一个较长的计划，每天要有"每日学习计划表"和"时间使用表"，严格地按照计划学习，并自觉进行检查和总结。

◎ 第三分钟：记录和分析一天内使用时间的情况

通过为自己设计一套时间记录表，将一天里所做的事情及耗用的时间记录下来；然后进行分析，看看哪些时间使用得有价值，哪些时间是浪费掉的。

相信，只要持之以恒，你的时间管理能力就会大大提高。

6. 自尊心强化时间意识

究竟什么是时间意识呢？

事实上，所谓时间意识，就是指来自人类观察、感知到的自然时间或物理时间。人类的时间意识主要来源于观察到的自然运动（含天体运动）和人文运动（含历史进程）的有序性，来源于此等有序运动的节律性或律动性。可观察感知的事象世界的有序性运动及其周而复始、循序渐进的节律或律动，才是人类形成时间意识的真正源泉。

为了对时间意识有更深入的认识，可以看一下研究人员是如何描述时间样式的，在现实中，比较常见的分类模式有"二分法"和"三分法"，见表1-6。

表1-6　时间样式的分类模式

分类模式	说明
二分法	"二分法"的提出者是一位名叫麦克塔嘉特的学者，他将时间划分为A系列和B系列。时间的A系列以先后为标志；时间的B系列以现在、过去和未来为标志，这也是时间样式分类的最常见的方式
三分法	所谓"三分法"就是将时间分为三种样式，分别是：自然时间、人文时间和心理时间

划分时间的样式是为了让大家理解究竟什么是时间意识。人们之所以能感知到时间，是因为它总是以这些方式反映在生活中，比如现在、过去、未来等。当这些感念映射到人们的脑海中时，就会形成对时间的一种感知和认识。

既然每个人对时间的存在是有所认知的，那为什么还会出现忽视时间、不遵守时间的问题呢？比如，经常听人说："某某真不像话，一点时间观念都没有，让他九点到现场开会，现在都十点了，连个人影儿都没有……"其实，这种情况在现实中层出不穷，不遵守时间或者浪费时间的事例比比皆是。难道说，是因为这些人不知道时间的重要性吗？

当然不是，从懂事起，"一寸光阴一寸金，寸金难买寸光阴"的教导就一直响彻在每个人的耳边。那么，是什么导致人们普遍缺乏时间意识呢？答案应该是：一种人性使然。每个人骨子里都埋藏着一种惰性，这种东西让人在面对一些事情时，往往会产生拖延的念头，不是不做，而是不想做，不想立即做。

那么，如何才能树立起强烈的时间观念，又如何在每一天都养成遵守时间的好习惯呢？方法当然有很多，但是如果不是触及其灵魂深处的话，估计效果还是不会很好。如果一个人因为不守时而被众人指责，出于自尊心，他很可能在以后的行为方式中将这件事情重视起来，这也就是为什么自尊心会强化时间意识。

为此，每天早上起来一定要花 3 分钟告诉自己以下三件事。

◎ **第一分钟：控制自己的内心**

这要求你从内心深处认识到自己以往行为的不恰当性，以及因为不守时而受到的指责。只要一个人能够很好地控制住自己的内心，就什么都能解决，当然强化时间意识也不例外。

◎ **第二分钟：现在就做**

起床闹钟响起的那一刻，就要告诉自己"现在就起"，绝对不因为时间还充裕，就拖延起床时间，更不能因为习惯于"等候好情绪"，便花费很多时间以"进入状态"为借口而不起床。这其实是一个习惯的养成，如果你在这件事情上能做到，在其他方面自然也会做到。

◎ **第三分钟：多交"诤友"**

那些在生活中能直接指出你缺点的人，才是真正对你好的人，而能与这种人成为朋友往往是有益无害的。他们不仅懂得尊重你的时间，更能督促你不要浪费其他人的时间，让你保持一种强烈的时间意识。

　　所谓有自尊心是尊重自己，维护自己的人格尊严，不容许别人侮辱和歧视自己的心理状态。大凡自尊心越强的人往往压力越大，更在意别人对自己的评价，因而他们往往做事情会考虑后果，在守时方面就会做得更好。

7. 灵活分解时间段

上学时，数学中有一个知识点，叫做"因数分解"，其核心就是将一个数分解成两个或更多的除 1 外的整数，通常把这些整数称为这个数的因数，所有因数均要求为质数，因此也称为质因数分解。例如，24 分解为：$24 = 3 \times 2 \times 2 \times 2$，其中，3 和 2 都是质数，而不是 $24 = 8 \times 3$ 或者 $24 = 6 \times 4$，因为 8，6，4 都不是质数，还可以继续分解。

其实，划分时间段与因数分解的道理一样，目的就是要在各个不同的时间段分别完成相应的任务，也就相当于把一个大的项目，按一定的原则分解，项目分解成任务，任务再分解成一项项工作，再把一项项工作分配到每个人的日常活动中，直到分解不下去为止。

例如，在现实中流传着一个有名的"三八理论"：它将一个人一天的时间分为了三个阶段，为"八小时睡觉""八小时工作""八小时休闲"。仔细分析会发现，每个人的时间利用其实无二，前两个时间段工作和睡觉基本上出入不大，所不同的是对于休闲时光的利用，它可以因人而异，不同的人会用不同的方式度过。

当然，这三个时间段也并非"质数"，仍旧可以继续分下去，比如，将工作时间可以划分为若干个阶段，分别在不同的阶段做不同的事情，一上班还未进入工作状态，就先做一些事务性的工作，等到工作状态最佳时，就可以多做些决策性的工作。

如何分解时间段才算最为合理？其实并没有一个固定的模式，只要掌握"灵活"二字即可，除此之外，还需要遵循下面这几个简单的原则。

首先，将时间逐步细化分解，在最适合的阶段去做相应的事情。

其次，尽量将时间划分为若干个阶段，这样就可以避免因为时间与任务不对应，或者时间规划太粗糙而导致的时间浪费。

最后，日常活动要与人、时间和资金投入相对应。

时间是最公平的"主人"，它让每个人拥有相同数量的时间，而事实上，拥有了时间的人，不一定都能成功或者做得更加出色，只有善于利用时间的人才会成功，就像那句话说的一样"在对的时间，做对的事情，才能产生最大效益"。

灵活地分解时间段则是这一切的前提。

那么，如何才能恰到好处地分解时间段呢？早上花3分钟，做到以下三件事。

◎ 第一分钟：规划

将自己的工作或者生活做一个整体的规划，比如短期的具体到每天、每周、每月，长期的可以为每年、几年或者几十年。这样做的目的是让自己清楚地知道有多少时间可以供自己使用。

◎ 第二分钟：分解

将一天、一周、一年，甚至是更长的规划时间，划分为很多具体的时间块，比如一天分为三个八小时，一周分为七天……当然，还可以尽量地细化。这样做为的是让自己清楚每天应该做什么，每小时应该做什么，甚至每分每秒应该做什么。

◎ 第三分钟：分配

知道了具体的时间段要完成的任务后，就要将其分别列出来，再为其排列一个先后顺序，重要的集中在一起，分别为它们分配完成的时间，并集中精力完成它们。如果没能完成，把剩下的滚入下一天的安排，在第二天要优先完成这些事情。

如此一来，一天可以划分成若干个时间段，同样一周、一个月、一年、几十年……都可以用类似的方法进行分解，而这样做的好处显而易见，让你立刻会充满活力，提高效率。如果你的规划清晰，能在健康、社会关系、内部工作与业务之间找到平衡点，并每天一小步地持续前进，你就能最大限度地发挥自己的才能。了解你自己，灵活分配时间，尽力去做，你的一切都会变得越来越好。

8. 合理组合时间段

通过分解将时间分为了一个一个的小版块，如吃饭时间、工作时间、娱乐时间……是在吃饭之前娱乐？还是吃饭之后娱乐？先工作呢？还是先睡觉？抑或别的……这就涉及一个时间组合的问题。

其实上面说的只是最常见、最简单的一个组合问题，在现实中时间段的组合情况可能更加复杂，在工作中你可能随时会遇到很多不可预知的问题需要处理，这就可能会打乱你本来安排好的时间段组合。比如，上午九点开会、十点批阅文件、十一点与下属交谈……结果九点半的时候来了一个重要客人，需要你亲自去接待，你怎么办？正常的情况一定是停止会议去见客户，这就打乱了原有的时间组合，以至于你之后的每一件事都或提前或推迟。

说到这里，可以先来看一个经典的小故事。

事情发生在战国时期的齐国。当时，齐威王在位，在他手下有一个大臣叫田忌。有一次，齐威王对田忌说："咱们俩来比试一下如何？"田忌问："大王要与臣比试什么呢？"齐威王说："当然是赛马喽！"

于是，两人定下了三局两胜制的规则，而这三场比赛由两人各自的三匹马来完成，它们也分为上、中、下三个等级。结果，三场下来，齐威王的三个等级的马都比田忌的强，因此，田忌三战三败。不服气的田忌决定去找个能人为他出谋划策，这个人就是著名的军事家孙膑。果然，孙膑给出了良策，他说："你要用下等马对齐威王的上等马，以上等马对他的中等马，以中等马对他的下等马。"

果然，田忌三局两胜，赢了齐威王。

之所以要讲这个故事，其实就是要告诉大家一个排列组合的道理，其

实，事物内部的排列组合不同，往往会引起量的变化进而导致质变。同样的，在工作中如何科学、合理地组合时间段，利用自己的时间，将决定你最后所取得的成果的大小。

在这里可以列出一个表单（表1-7），以便让你更直观地看到组合之效。

表1-7　合理组合时间段实例表单

说明：

假如将8小时工作时间划分为三个阶段：A段为效率最佳时间，B段为效率次佳时间，C段为零散时间。相应的，将需要完成的工作内容也分为三个类别：a难度最大的工作，b数量较大的基础性工作，c一般杂务。

下面列出可能的几种组合：A－a，B－b，C－c；A－b，B－c，C－a；A－c，B－a，C－b。

组合类型	结果说明
A－a	集中最佳效率时间，做难度最大的工作，既能做完，又能做好
B－b	次效率时间，做数量大的基础性工作，能够做好，但不一定能做完
C－c	零散时间，做杂务，能做完，但不一定能做好
A－b	最佳效率时间，做基础性且数量大的工作，能做好，但不一定做完
B－c	次效率时间，做杂务，能做好，但不一定能做完
C－a	零散时间，做难度最大的工作，可能能做完，做好
A－c	最佳效率时间，做杂务，能做好，不一定能做完
B－a	次效率时间，做难度最大的工作，能做完，不一定能做好
C－b	零散时间，做基础性且数量大的工作，能做好，但不能做完

实际上，每一种组合有优也有劣，关键是根据每个人自身的情况而定，效率时间段的划分因人而异，每个人首先要了解自己的特点，总结对工作的感知能力。一般说来，早上的精力最旺盛，下午的理解力最好，晚上的注意力最好。

时间排列组合的不同会引起量变进而导致质变，这就要求你在思考和处理问题时不应该仅仅把眼光盯在人力、物力绝对数量的增减上，还应该从多方面、多角度着眼，精心协调，科学地使用现有人力、物力，力求达到最佳效果。

为此，应该在早上 3 分钟之内做好以下三件事情。

◎ **第一分钟：预测**

预测的目的是让自己知道接下来会发生什么，然后提前准备，所谓有备无患就是这个道理。尽量做到超前判断，超前行动，不做事后诸葛亮。比如，具体工作中会出现某些调整与变动，如果你对这些调整与变动有先见之明，你就可以提前准备，从而做到临阵不乱。

◎ **第二分钟：统筹**

统筹的最大好处就是，让你在做任何事情时都能提前安排出一个最优次序，从而对"哪些事情先做，哪些事情后做，哪些需要在无干扰情况下做，哪些可以在有干扰情况下做"，了然于胸。

◎ **第三分钟：判断**

很多人在组合时间方面出现问题，多数是因为分不清什么是对自己最重要的，所以紧急和重要的判断永远无法做好。紧急的事情往往要优先做，否则就会让你无法做重要的事情。重要的事情往往要坚持先做，否则将永远也做不完。

9. 投资创造时间

在生活中，人们常常会做出类似于"一分钱智慧，几小时愚蠢"的事情，最明显的例子就是为了省两角钱而排一小时队买鸡蛋，为省五角钱而步行几站地等。表面看来，这些符合了勤俭节约的美德，都是极其有意义的事情，但要用投资的眼光来看的话，这些都是极不划算的，因为浪费那么多时间所创造出来的价值，远远低于利用那么多时间制造出来的效益。

在IT界流传很广的一个故事：

有人曾经对比尔·盖茨说："假如您在路上发现有1000美元放在你跟前，您是否会弯腰捡起来？"比尔·盖茨摇摇头，微笑着说："当然不会。因为我用捡钞票所花的时间工作的话，可以挣到比这更多的钱！"

这个故事最核心的意思就是，对待时间就要像对待经营一样，时刻要有一个"成本"的观念，要算好账。如果投资得当是能够让你的时间"变长"，可以说，只要有时间，就可以解决其他所有的事情。所以，从投资的观点来看，每个人最不应该吝啬对时间的投资。只要能够增加时间，收益就肯定会增加。

那么，如何投资才能创造出更多的时间呢？请看表1-8。

表1-8　创造时间的投资项目表

投资项目	说明
工具	其实，这个道理再简单不过了，当年正是因为生产工具的不断进步，才使得生产效率越来越高。比如，你是一名财务人员，面对大量的计算，你用传统的珠算来进行核实，结果需要花费好几个小时，而如果用电脑办公，很可能只需轻轻敲击几下键盘，花费几分钟的时间就能得出结果。这就是在工具上投资的效益，会节省大量的时间，省下的就是赚了的。因此，可以投资的工具包括电脑、汽车、信息技术等

投资项目	说明
体能	体能也是节约时间的基本要素。因为注意力集中能力、高效的行动力、健康的体魄，这一切都要以体力为基础。如果一个人一直不受健康等问题的困扰，那么他利用到生活或者工作中的时间就会大大增多。因此，为了加强体能，就应该多参加各项有益的运动，如跑步、游泳等
创新	"一成不变，按部就班"的生活当然是舒适的，但是它也将会让你失去改进生活或者工作状况的所有机会。如果能在创新方面投资一些，冒一点险，就能改变生活的现状，这叫做"在变化上投资"。比如，你要改掉以往对某种安逸习惯的依赖，电视、烟、酒、网络、游戏、手机等，它们都是"时间窃贼"，要想让你的时间更充裕，那么就远离这些
知识	知识就是第一生产力，在知识方面投资不仅能创造时间，更能改变你的命运。因此，不要满足于现有的知识结构，要不断地去学习各种新知识，并有意识地将学到的知识应用到你的生活习惯中去，等到知识融会贯通了，就能越来越清楚地找到自己今后的行动方向
专业服务	越来越多的商务人士发现，诸如洗衣、打理家务、理财等事项，完全可以交由专业的人士或者机构去完成，而自己则可以从中解放出来，这在某种意义上就是借助别人的力量完成自己做不到或者没必要做的事，是一种非常高端的投资方法

可以说，成功人士都是那些时间观念强，善于运用时间，做好计划安排的人。他们绝不会在不能给自己带来好处的人和事上浪费一分一秒，他们十分清楚自己应该将精力、金钱等投注在哪些方面。

为此，在早上起来后，我们要花 3 分钟告诉自己三件事。

◎ 第一分钟：态度

态度决定一切，它也决定时间的长度，如果你能抱着尊重、敬畏等审慎的态度去对待你的时间，那么你的时间也会给予你丰厚的回报。

◎ 第二分钟：勇气

投资是需要勇气和魄力的，尤其对以上五个方面的投资，一定要敢于花费和投入，这样才能有所产出。

◎ 第三分钟：成本意识

当然，投资最核心的观念在于，投入和产出之间要有利差，不计回报

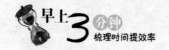

的投资是不科学、没有意义的投资。

　　美国著名的投资人史塔克曾说："新的竞争优势将来自于有效的'时间管理'。在技术突破、生产、新产品开发、销售与渠道方面的时间都要不断缩短。"这说明时间是一种资源，但是它只有在有效运用的情况下，才可能变成有效资源。如果浪费的话，它会变成看得见但无法计算的"成本"和"压力"。

10. 减少时间损耗

著名管理学家科维曾提出一个时间管理理论，即"四象限原理"，其核心为"按重要和紧迫的程度，确立做事顺序"。基于此，几乎所有人都可以将自己的生活或者工作，按照重要和紧急两个不同的程度进行划分，分别为：第Ⅰ象限，既紧急又重要；第Ⅱ象限，重要但不紧急；第Ⅲ象限，紧急但不重要；第Ⅳ象限，既不紧急也不重要（图1-4）。

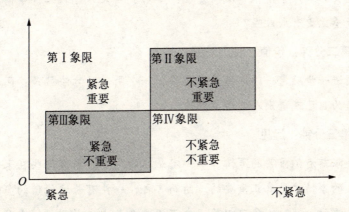

图1-4　四象限时间分布图

之所以要勾勒出这幅时间分布图，目的是要大家认识到哪些时间是损耗掉的，不必要花费的。其实，从图中已经可以一目了然地看出是第Ⅲ象限中"紧急但不重要"的事情，花费时间在这种事情上，就是浪费。因为往往紧急的事情都不重要，之所以说这些事情不重要不是因为事情本身，而是因为在紧急的时间下，做出来的效果会大打折扣，做完之后就变成了不重要的事情，你所做的努力也随之白费。

此外，第Ⅳ象限中"既不重要又不紧急"的事项，比如无聊时看电视、参加毫无意义的酒会喝得酩酊大醉……就可以将其称为"闲耗的时

间"。这类事情基本上不创造价值，因此越少花费时间越好。

由此可见，减少时间损耗的关键就在于，如何将"浪费"和"闲耗"的时间，转化为"有用的时间"，并将其用在第Ⅰ、第Ⅱ象限中的重要的事情上。于是，一个重要的问题就摆在你的面前，那就是你要如何认识什么是最重要的？如何更好地掌控自己的生活？

做到这些并不难，只要你每天早上花 3 分钟来实施以下三个方法即可。

◎ 第一分钟：挑选

也许很多人都有列清单的习惯，但是却不一定能够很好地利用你的清单。清单除了让你做到一天之事不遗漏外，最重要的功能之一就是从中挑选出三件重要的事情。而找出最重要的任务的最好的方法就是，精简出你一天最重要的三件事情，并反问自己："如果我今天只能做三件事情，什么将会让我感觉更有成效呢？"

◎ 第二分钟：价值

要想进一步确定一件事情是否重要，一个简单的方法就是：问自己这件事情将为自己或者别人创造多少价值。

◎ 第三分钟：远见

一个眼前看似重要的事情，不一定是真的重要。只有那些在未来仍有积极意义的事情才是真正重要的。简而言之，一件有长远价值的事情才最值得你去重视。此时，你可以反问自己："它会让未来一周、一个月或者一年不同吗？五年呢？"

只要你知道什么事情对自己来说是最重要的，你就很容易能减少不必要的时间损耗，而自觉地将所有有效时间都用于做这类事情，这将是止损的最佳途径。

11. 建立分析活动日志

　　建立分析活动日志的功能就是，可以将你的所有工作活动按照时间顺序进行排列，并可以详细记录你在一段时间内的工作内容与工作过程，经过归纳、分析，达到分析各项活动有效性的目的。

　　通常情况下，分析活动日志的形式可以是灵活多样的，但不管哪种类型的分析活动日志都有一些共同特点，如表1-9所示。

表1-9　分析活动日志的特点

特点	说明
翔实	一般工作活动日志需要在完成工作以后逐日及时记录，因此对事情的描述就相对详尽，这也是它的首要特征
全面	日志中所记录的内容包括工作职责、工作内容、工作关系、劳动强度等方面的信息，能够比较全面地了解到你一日工作的方方面面的情况
可能失真	这也是日志分析的一个缺陷，因为活动日志往往是由执行者来填写，作为填写者的你如果更注重工作过程，而对工作结果的关心程度不够，就会在填写时有随意，不确切之虞
繁琐	为了能够分析得出更加接近真实情况的结果，势必要求获得大量相关数据，这就造成活动日志本身具有信息整理工作量大，归纳工作烦琐的特性

　　基于以上认识，活动日志在建立时应尽量做到既翔实可靠，又简单明了，这就要求你随时填写相关内容，比如以20分钟、30分钟为一个周期，而不应该在下班前一次性填写，这样是为了保证填写内容的真实性和有效性。同时，记录日志的目的是为了能从日志中查看每天计划的完成情况，记录的是最基础的数据，以保证通过日志控制工作的准确性和及时性。

　　下面将列出一种比较常见的工作活动日志形式，以供大家参考（表1-10）。

表1-10　工作活动日志分析表

部门：				职务：				
姓名：				时间：　年　　月　　日　　时　　分至　　时　　分				
序号	工作活动名称	工作活动内容	工作活动性质	工作活动结果	消耗时间/分	权重/%	重要程度	备注
1								
2								
3								
...								

说明：

　　序号，可根据消耗时间的多少来定，通常将消耗时间最多的工作活动定为第1号，消耗时间第二多的定位2号，依此类推。

　　工作性质，可分为例行和偶然，其中用"●"表示例行活动，用"○"表示偶然发生的活动。

　　消耗时间，即将每天同一种工作活动所消耗的时间，以分钟为单位进行求和。

　　权重，单项工作活动时间除以总计时间得出的比率。

　　重要程度，分为一般、重要和非常重要，其中"△"表示一般，"▲"表示重要，"★"表示非常重要。

通过每天记录工作活动日志，来了解你的工作活动完成情况，以便检查你的时间利用是否合理，工作活动安排是否合理。在工作活动日志建立起来的基础上，每天早上应该花3分钟来做以下准备。

◎ 第一分钟：整理

将前一天的工作活动日志进行整理，从中找出已完成的和未完成的工作都有哪些，以便在当天的工作中合理安排时间。

◎ 第二分钟：分析

通过对前一天工作活动日志的数据、信息进行统计、分析后，找出需要改进之处，以避免同样的错误或者失误再在当天的工作中发生。

◎ 第三分钟：记录

在每天工作开始前，将工作日志放在手边，按工作活动发生的顺序及时填写，即每完成一项工作就记录一项，切忌在一天工作结束后一并填写。

　　每日严格按照表格要求进行填写，尽量做到不遗漏任何细微的环节，为分析工作提供客观、全面的信息支撑，从而更加有效地得出你的时间管理情况。

12. 积累时间

"积少成多，积沙成塔"的道理估计很多人都懂，同样，时间也可以累积，虽然时间不会留下痕迹，但是你在那段时间里所做的任何努力都是存在的，一点一滴的小努力，最终就会积攒成大成功。就像有人曾说："生命就是时间的积累，只有有了这种意识，你才不会被时代所抛弃，才不会仅仅是行尸走肉般地活着；生命就是一堆时间，只有有了这种意识，才能留下串串果实，才能创造生命的价值，不仅延长了生命，而且使生命更富有意义。"

布里特原本是一位靠打铁为生的普通劳动者，如果不出什么意外，他很可能在炙热的炉火和沉重的铁锤陪伴下度过一生。然而，事情发生了改变，他最大的成就不是成为一名出色的铁匠，而是成了能说18种古代和现代语言及22种欧洲方言的语言大师。

他一个粗人，是如何做到这一切的呢？布里特自己解释说："我认为自己的成功不是因为什么天赋，而是善于利用那些看来没有价值的零散时间。当我还是铁匠的时候，就在工作和赚钱的同时，开始学习各种语言。对，就这么简单。"

多么朴素的道理，就是这些平时不被人看重的"零散时间"，最终却能变得如此有意义。这其中最大的诀窍就是：累积，不断地累积。如果能将其充分利用并养成一种习惯，这些短短的时间就能成就一个人，因为再大的事业和成就所需要的几年或几十年的时间都是由这短短的几分钟累积起来的。

当然，累积并不等于机械地叠加，因为这毫无意义。那么，如何才能让时间的积累变得更有意义呢？最重要的就是重视积累的过程控制。在积累的过程中，东西越堆越高，就会越来越杂乱，只有抓住了细节才有积累的素材，只有抓好了过程控制，积累的素材才会发挥效用，从而促成最终的质变。

没有人能一步从贫穷跨越到富裕，也没有一个人能一下子从弱小变得强大，这其中的距离就需要一点一点地堆积。因此，不要害怕自己没有天赋异禀，只要你愿意每天早上花上 3 分钟，做以下三件事情，不知不觉间，你就会走得很远。

◎ 第一分钟：积累意识

让积累意识渗入你生活和工作的各个角落，也许你现在还不够优秀和成功，但是只要你树立起积累的意识，你就会发现，几天、几个星期、几个月、几年后的你就会变得完全不同，因为你积累了丰富的经验和信息，这些可以助你成功。

◎ 第二分钟：着眼于细节

不要以为改变就是要去寻找出路，其实出路就在你的身边。只有从身边做起，从日常的生活中入手，才能够在有限的时间里快速积累、学习到更多东西。你周围一些看似无价值的活动、事例，往往就是可以积攒的资源和机会。

◎ 第三分钟：连续不断

俗话说，"勤修恒业，长流水，不断线"。积累绝不是简单的堆砌，"学习如春起之苗，不见其增，日有所长；辍学似磨刀之石，不见其损，年有所亏。"正确的积累讲求的是不中断、不间断。

所有的这些都要告诉你一个道理：成功是时间积累出来的。

13. 时间与金钱

有人说，时间就是金钱，效率就是生命；还有人说，时间比金钱更重要，因为时间是不可以存储的，而金钱却可以留住……其实，关于时间与金钱的话题有很多，这至少说明，在某种意义上，时间与金钱都扮演着很重要的角色，它们对人们的生活和工作都有着举足轻重的影响力。

不过，时间的价值，往往会让人惊奇不已，那是什么呢？

这一点要由著名的思想家富兰克林来告诉你，他说：

"记住，时间就是金钱。假如说，一个每天能挣 10 个先令的人，玩了半天，或躺在沙发上消磨了半天，他以为他在娱乐上仅仅花了 6 个便士而已。不对，他还失掉了他本可以挣得的 5 个先令。记住，金钱就其本性来说，绝不是不能生殖的。钱能生钱，而且它的子孙还会有更多的子孙。谁杀死一头生仔的猪，那就是消灭了它的一切后裔，以至它的子孙万代，如果谁毁掉了 5 先令的钱，那就是毁掉了它所能产生的一切，也就是说，毁掉了一座英镑之山。"

它直截了当地告诉你这样一个道理：如果想成功，必须重视时间的价值。不要以为这是在开玩笑，或者危言耸听。有一位英国的经济学教授直接用一个数学公式给出了最好的证明，通过计算，直接可以计算出"时间成本"是多少（图 1-5）。

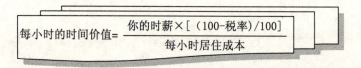

$$每小时的时间价值 = \frac{你的时薪 \times [（100-税率）/100]}{每小时居住成本}$$

图 1-5 时间成本计算公式

为了更好地理解这一公式的应用方法，那位经济学家又举出了一个生活的实例加以说明。比如，几乎所有人都觉得自己做饭吃比较"经济"。那么，事实果真如此吗？

通过用上面的公式计算得出，对于男性来说，一顿饭要花 15.72 美元，对于女性来说一顿饭要花 14.30 美元。当然，前提是加入了"时间"成本。这组数据给人造成的冲击，不是数学本身的大小，而是与另外一组数据对照的结果。据统计，英国人平常在外就餐，男性平均消费只有 7.31 美元，而女性是 7.24 美元。

这就说明，在家自己做饭很"省"，没错，从你荷包所出去的钱确实是变少了，但如果你计入"时间成本"，在家做饭所需"成本"，竟然是在外就餐的两倍还多。

通过这个有趣的计算，最想要告诉大家的就是，时间是有价值的，它比金钱更重要。每个人都应该把握时光、珍惜时间，用时间去创造出更多的金钱，而不要为了眼前的蝇头小利而随意浪费时间，要做个"守时奴"，而不是"守财奴"，管好时间胜过管好金钱。

因此，每天早上你至少要花 3 分钟做下面的事情。

◎ 第一分钟：价值为王

如果你想要获得更大的成绩，就需要抛开那些低价值的活动，将你的时间花在高价值的活动上。具体而言，低价值的活动包括：别人希望你做的事、日常事务性工作、耗时巨大的事等；高价值的活动则包括：有助于你实现人生重大目标的事、打心底里想做的事情等。

◎ 第二分钟：节流

就像节约金钱一样，节省时间。不妨列出一张时间"收支表"，把每天的日程记录下来，全面评估时间的使用情况，帮你找到效率不高的原因，从而节省每一分钟。

◎ 第三分钟：开源

找出那些被你忽略的时间，比如，利用等车、坐车的时间读报纸，睡

觉前的空闲看书，散步时与友人讨论一些问题等。

一定要从"心疼金钱"的旧观念中跳出来，不要事事都亲自动手，改变只用金钱去衡量、取舍做事的方式，这样必然会让可用的时间被一一占用，从而无法将精力集中在最能创造财富和价值的重要事情上。长此以往，可能终生一事无成。切记，管理时间胜于管理金钱。

14. 找出隐藏的时间

时间有时候也像个顽皮的孩童，喜欢和人们玩捉迷藏，它会以各种伪装来示人，让你无法识别它的存在，从而忽略了很多本应该有用的时间。

那么，如何才能找出隐藏的时间呢？

事实上，许多人已经意识到了哪些事情会浪费他们的时间，然而他们却不敢面对这个问题。他们怕因小失大，造成错误。殊不知即使有了错误，也能很快弥补。其实一位管理者大刀阔斧地减少不必要的工作，绝不会有太大的风险。能够大量削减不必要的工作，工作进度就会快很多。

经常安排下属看看时间都浪费在了哪些活动上，比如说，打私人电话、喝咖啡休息、同路过的公司里的朋友谈论与工作无关的事情或是上网进行一些个人浏览。这并不是说这些方面的活动必须避免，因为任何人都需要休息，都需要处理一些合理的个人事务。

这样做仅仅是出于分析的目的，让大家对于浪费时间的活动持有清醒的认识。人们经常会为在琐事上花费了大量的时间而感到惊讶不已。随着对时间花费情况真实了解的不断深入，就很容易找到更为明智的利用时间的方法。这才是工作任务完结或企业时间管理的真正开始。

表 1-11 是某知名 IT 企业里一位项目经理的工作心得，希望大家从中获得更多有效的启示，以便能找出更多隐藏的时间。

表 1-11　找出隐藏时间的解决方案

隐藏时间的事项	可行性解决方案
任务	
工作堆积如山	● 设立优先等级
	● 设立最后期限
	● 作出现实的时间估计

隐藏时间的事项	可行性解决方案
同一时间内有太多的事要做	● 设立优先等级
	● 每一时间只做一件事情
	● 学会对自己和别人说"不"
介入太多的细节	● 把更多的工作委派给下属
拖延不喜欢的任务	● 尽量快些做不喜欢的事情
没有足够的时间去思考	● 保留整块时间——一天或一周的一部分用来思考
人	
不断有人进办公室打断工作	● 让秘书把不受欢迎的来访者挡在外面
	● 提前约定并让人们遵守约会时间
	● 保留整块时间保证不被打扰
不断有电话进来打断工作	● 请秘书负责转接
	● 肯定的回复，你会在方便的时候回过去
太多的时间用在谈话上	● 谈话之前先确定主题
	● 谈话时不要偏离主题
文件工作	
收到的文件泛滥成灾	● 让秘书把文件分成三个文件夹：现在处理、以后处理、信息
	● 取消无用的信息环节
	● 鼓励下属清晰、简洁地陈述信息和报告
太多的信件和备忘录要写	● 挑出重要、必须回复的进行处理，一般性事务交由秘书处理
	● 备忘录要简洁明了，将一些烦琐的步骤剔除出去

　　找出隐藏的时间，就是要从根本上杜绝这些浪费时间的行为。事实上，这些问题极具欺骗性，很多时候，它让你觉得做这些事情并不是浪费时间，而是分内之事，是必须要完成的事情。事实并非如此，正是这些看似应该做的事情，盗取了你的大量时间，反而让你在面对真正需要解决的工作时，却没了时间。

　　除此之外，还可以每天早上花 3 分钟，通过以下 3 个方法来找出隐藏的时间。

◎ 第一分钟：善用等候与空档的时间

比如，在排队等待办某件事情时，尽量不要只是让时间白白溜走，不如利用这段时间看看报纸，或者是进行有益的阅读等。

◎ 第二分钟：学会说"不"

对于那些本不应该你来解决的事情，要说"不"；对于那些总是有事没事喜欢向你求助的人说"不"……因为一味地、无原则地应承，会造成你的时间被大量挤占。

◎ 第三分钟：跟自己"赛跑"

尽量找出可以减少浪费时间的捷径，告诉自己"我能做得比预期的更快"，要不断地跟自己竞争，尽力超越自己的记录并改善平时的表现。

时间不会缩短，但会被隐藏，因此要想有更多的时间来完成工作，就必须找出它，并利用它。

第二章

成功规划

1. 分析目标

分析目标的目的是要让你清楚自己到底要什么。为此，首先就要对目标的具体类型有个基本的认识。通常目标是一种未来的远景，为了实现它，你愿意为它做些努力；如果没有努力，它只是一种愿望。换言之，目标设定其实是以未来为取向的一种思考。

图 2-1 所列出来的就是目标的具体类型。

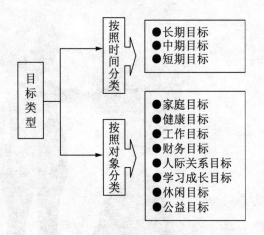

图 2-1　目标类型划分图示

在了解了目标的类型之后，就要对如何管理目标进行说明。目标是需要管理的，因为目标就和时间一样，每个人一天有很多的目标都等你去完成，每一天的时间又是固定不变的，有的人越做越好，有的人却原地踏步，这其中的问题出在哪里呢？

关键是你有没有好好地规划你的各种目标，你的人际关系目标、学习目标、家庭目标、公益目标等有没有去完善。这其实就涉及目标管理的问题，它要求你沿着长期目标的方向，并把所有的努力都集中在此之上，以最恰当的方法，用最短的时间，最少的花费，取得最佳成果的一种管理方法。

具体而言，目标管理包括五个方面的要素，如表2-1所示。

表2-1　目标管理的五要素

要素	内容说明	示例
目标是什么	实现目标的核心内容或者任务	例如，我要在一年之内拿下某某从业资格证
需要达到的程度	目标结果所要达成的状态、质量水平等	例如，半年内业绩提升5%，每天完成5000字的写作任务
怎么办	为了达成目标，所应采取的方法、技巧、战略、方针等	例如，为了提升业绩，我必须每天多拜访5位客户，或者是不断提高自己的服务水平
什么时候完成目标	即完成目标所需要的时间安排，预订计划（日程）表	例如，上午写2000字，下午写3000字，这样一天的工作任务才能完成
完成的效果如何	是否达到了预期的水平，这就涉及目标的评估、评价	例如，最后完成了4800字，基本达到预期目标，但完成得不彻底，仍需继续努力

由此可见，目标分析的基本原则就是，一方面，使设定的目标可以立即转化为行动目标，即目标要有可执行性；另一方面，所设立的目标要清晰可见，如上表示例中所提到的每日完成5000字的写作任务。

为此，你不妨每天早上花3分钟，来做以下三件事情。

◎ 第一分钟：远景

每天早上要在心中回想一下自己的生命远景是什么，扪心自问自己一生到底要完成哪些事情，这有利于强化你每天的执行力。

◎ 第二分钟：判断

对愿望和人生目标要有一个清晰的判断，愿望往往主观性比较强，很多都是不具备执行基础的，而目标则要清晰、具有可执行性。一个人不能没有愿望，但是千万不要将愿望作为目标，因为其实现起来太困难。

◎ 第三分钟：清单

将自己所有的目标都罗列出来，比如，将你认为最重要的职位，这些职位是你要达到人生目标或事业目标的一个标准。然而，结合你的实际情

况，看哪些职位是通过你的努力能够实现的，最后将那些不切实际的想法一一排除，剩下的就是你要为之努力的目标。

分析目标让你清楚地知道"我要什么"，从而在行为上指导你如何去实现它，这样才是切实可行的规划。

2. 目标设定

可以说，时间管理的第一步就是：目标设定。

这很好理解，如果你没有一个清晰、明确的目标，那么做什么都是浪费时间，下面这个管理实验就是一个很好的例子。

为了完成这个实验，管理专家选择了三个人作为实验对象，分别为甲、乙、丙。实验题目很简单，就是让他们三个人向十千米外的城镇进发。

在此过程中，三个人所获得的相关信息是不同的，其中甲对前面城镇的情况一概不知，不知道它叫什么名字，有多大，需要经过几个岔路口……他只知道跟着自己的向导走即可。结果，甲刚走了2千米就开始叫苦，又走了3千米，他开始发脾气，抱怨为什么要走这么远的路，就这样，越往后走，甲的情绪越低落，甚至出现了想放弃的念头。

乙的情况与甲的稍有不同，他被告知了城镇的名字和具体路线，但是路边没有里程碑，他们只能凭经验估计行程时间和距离。走到一半的时候，乙非常想知道自己走了多远，他就问向导说："我们大概走了一半的路程了吧？"向导凭着经验应和道："嗯，估计是。"就这样两人继续赶路，可是就在走完大半路程后，乙开始焦虑，他觉得真的很远，自己已经精疲力竭了。这时向导鼓励他说："快到了。"他才又振作起来，加快了步伐。

丙和前面两人完全不同，他知道自己要去的地方叫什么，具体路程，而且他所走的路是通往城镇最直接的一条，路两边每隔一千米就有一块里程碑，他边走边看里程碑，每缩短一千米，他便觉得十分轻松，觉得离目的地又近了很多，一路上丙和向导有说有笑，很快便到达了城镇。

可见，目标的力量是巨大的。如果你有清晰的目标，就会直接向着目

标的方向努力，而不会将时间浪费在寻找路或者方向上。因此，要想在你的一生或者未来实现你的梦想，你必须做好一件事情，那就是设定目标。

　　每个人的一生都需要有目标，但是目标却不能是一个，而应包括人生终极目标、长期目标、中期目标、短期目标、小目标，这些目标共同组成了一个目标体系（图2-2）。事实上，设定一个目标并不难，难的是如何实现，所以在设定目标时，一定要考虑目标的层级性，既要有大的目标，又要在大的目标下面设定众多小的目标，在一个大目标科学地指引下，落实到具体的每天每周的任务上，这才是实现目标的最好方法。

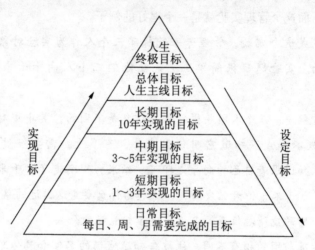

图2-2　目标设定金字塔

　　换言之，要想实现金字塔顶端的那个终极目标，就要从最小的每天的目标做起，每天完成一小步，日积月累就会实现一大步。因此，在开始一天的工作和生活之前，早上花费3分钟，你应该这样做：

　　◎ **第一分钟：准备**

　　在一天生活和工作开始前，做好各方面的准备，尤其是要有一个积极的心态和轻松的氛围，然后再找一段不会被人打扰的时间，写下自己当天的目标和计划。

　　◎ **第二分钟：时限**

　　这个很重要，目标有了就要设定一个完成它的时限，如果今天的目标完不成，拖到明天，明天的拖到后天……这样下去，是很难实现终极目标的。期限可以让你知道什么时候应该为自己的目标采取什么行动，需要花多大的精力。否则，没有时间期限的目标只能称为"愿望"。

◎ 第三分钟：信念

每天早上开始工作前，要大喊一句：我深信，我一定能做到（I believe I can do it）！

不要再问成功是什么，因为成功就是目标。一个人之所以会成功，是因为他设定了目标，并满怀信心和希望不断地去实现他的目标。

3. 目标的协调

有了目标，就可以督促你更好地向前迈进。其中，短期目标规划了你微观方面的发展步骤，一步一个脚印；长远目标指明了你在宏观方面努力的方向，让努力有一个前进的动力。

宏观指导微观，微观支撑宏观。一般情况下，长期目标与短期目标之间是互相促进的，但是也有时候是相互矛盾的，如何才能协调两者之间的关系，相互推动，并不是容易的事情。因为很多时候，你可能会有这样的感受：太高的目标实现起来非常艰难，很容易使人产生挫败感，使人泄气和感到压力；而太低的目标又容易让人自满而且有可能偏离长远方向。

如何才能实现二者的协调统一呢？

关键就是目标在分解过程中技巧的运用，因为目标分解是明确目标责任的前提，是使终极目标得以实现的基础。

常见的目标分解方法有两种，如表2-2所示。

表2-2　目标分解的方法

方法	说明
"剥洋葱"法	像剥洋葱一样，将大目标层层剥离开来，成为一个个小目标，再将小目标分解成更小的目标，直到知道每天、每小时需要干什么为止。实现目标的过程是由现在到将来，由低级到高级，由小目标到大目标，逐步来完成
树状结构法	顾名思义，目标分解过程可以用一个树状的结构来表示，即用树干代表大目标，每一根树枝代表小目标，叶子代表即时的目标，即现在要去做的每一件事。在分解时，需要遵循这样的原则，即每个小目标是大目标的条件，大目标是小目标的结果，小目标的实现之"和"，一定是大目标的实现

不管采用哪一种方法对目标进行分解，都需要遵循一些既定的规则，比如，一致性原则要求分目标要与总目标方向保持一致，保证总体目标的

实现；协调性原则要求各分目标之间在内容与时间上要平衡、同步发展，不影响总体目标的实现；具体性要求各分目标的表达也要扼要明确，又有具体的目标值和完成时限要求；前提性要求要注意各分目标所需要的条件及限制因素，如有人力、物力、财力和协作条件、技术保障等。

只有这样，才能最终确保长期目标与短期目标，大目标与小目标之间协调一致。目标分解之后要落到实处，制作一幅完整的图标，以便时刻提醒和督导执行（图2-3）。

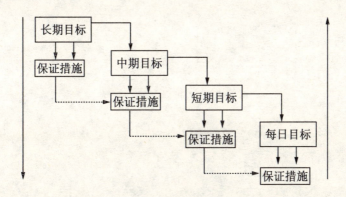

图 2-3　目标分解示意图

目标的协调性集中体现于，长期目标可以分为若干个相互关联的不同层次的目标，各个分目标要综合体现长期目标，并保证与长期目标相一致。同时，各分目标之间在内容与时间上要协调、平衡，并同步发展，从而不影响总体目标的实现。

为此，每天早上3分钟要做以下三件事情。

◎ 第一分钟：总结

看前一天的目标是否完成，是否与长期目标的方向相一致，如果出现偏离，及时加以纠正。

◎ 第二分钟：评估

目标评估可分为目标合理性评估及计划可行性评估。这两项评估的核心是对目标大小的评估，即评判目标是大了，还是小了。

◎ 第三分钟：胜任

分解目标的意义就在于告诉你：无论你处在什么位置上，都一定能取得成功。因为"胜任"是对自己最大的激励。或者说，激励的本质就在于让自己感到能胜任。只有从事自己能够胜任的工作，才有成就感。

小目标是实现大目标的基础，而大目标与小目标的协调发展，则能让你在发展过程不迷茫，知道自己想要什么，鼓足劲儿朝着一个方向冲击，更容易成功。

4. 整理目标

目标经过层层分解之后，并不表示就能获得成功，还有很多因素或者问题影响你继续前进，如何整理目标就是一个。所谓整理目标，就是要将层层分解出来的目标进行梳理整合，从而形成有结构的目标群（见图2-4）。它的目的在于把不同层次的、不同类群的目标，在主攻方向的提领下建立执行方案，进而通过有效地落实，实现总体目标。

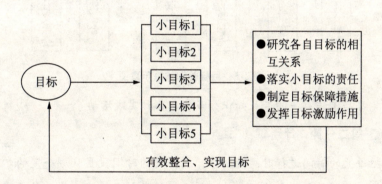

图 2-4　目标整合示意图

通过整合之后，可以形成一个完整的目标网络和目标体系，通过目标体系把各个环节的目标信息显示出来，就像看地图一样，只要你一看目标体系图（图2-5）就知道工作目标是什么，遇到问题时需要怎样解决。

在建立起属于自己的目标体系之后，每天早上开始工作之前利用3分钟，要安排以下三件事情，并要监督执行。

◎ 第一分钟：学习

这是工作之外必要的安排，可以每天抽取一定时间用于学习，如学习计算机知识（办公软件、数据库）等。也可以参加各种职业技能培训，以

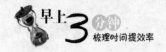

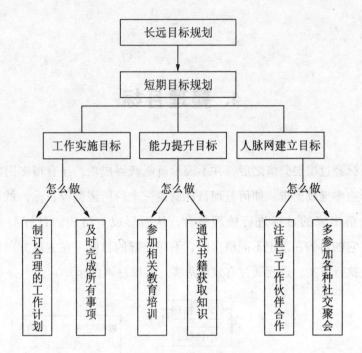

图 2-5　目标管理体系示意图

及多学习与工作有关的专业知识，多参与各种实践活动等。

◎ **第二分钟：计划**

把每天的时间进行时间段划分，在一定的时间段里从事一定的学习活动，做好计划的制订和执行工作，并要做好监督和检查，要及时反省调整目标任务。

◎ **第三分钟：落实**

要做好月计划、周安排、日落实工作。从而分解计划任务，把计划落实到工作、生活中去，从而实现每天向总目标迈进一步。

只有拥有这样一个完整的目标体系，才能更好地督促自己向着最终目标而努力奋斗。

5. 确定工作的优先顺序

你可能经常有这样的经历：一大早进入办公室，先是发现办公桌上摆了一大摞要求你批阅的文件，于是你就拿起来仔细审阅，并签发；在此过程中，一个电话来了，对方要求你立即去另外一个部门参加一个工作协调会，无疑这个肯定是重要的，于是你放下手中的文件去开会；未等会议结束，接到了上级的指示，说生产现场出现紧急事故，你必须亲自去处理、查验，没的说，安全是生产的头等大事……就这样，一天忙到晚，你分身乏术，顾此又失彼，无奈地只能仰天长叹："谁能来帮帮我啊！"

这个问题是很多人都要面临的，我们在确定优先事务时可能会产生冲突。一句话概括出正确的工作方法就是："你要做的第二件事和第一件一样重要。"如果时间的优先级管理控制得当，这是能够做到的。确定工作的先后顺序最大的意义在于：如果没有先后顺序，将一事无成。

在某次会议上大家就某个亟待解决的问题进行了讨论，并且对提出的解决方案也达成了统一的意见。最后，大家一个接一个地离开会议室。不可思议的是，几天后问题却仍旧没有解决。

这是为什么呢？就是因为没有列出事情的先后顺序，更糟糕的是，由于没有人总结会议所讨论出的结果，因此每个人各自都形成了一套事情的先后顺序，这无疑使全部事情呈现出一种无序状态。

不仅如此，先后顺序还是预测未来的最好方法，换言之，合理的先后顺序是一个完美计划的基础。

那么，如何才能确定工作的优先顺序呢？（如图2-6所示。）

确定优先顺序的最直接的好处就是，能够让你清楚地看到应该先做哪些事，以及按怎样的顺序去做这些事。比如，将工作划分为五类：A = 必

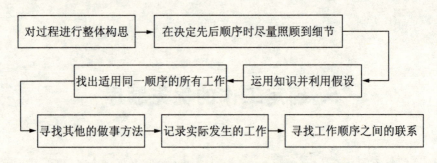

图 2-6　确定工作优先顺序的流程

须做的工作；B＝应该做的工作；C＝量力而为的工作；D＝可以委托别人去做的工作；E＝应该删除的工作。一目了然，应先做 A 类工作，再做 B 类工作，依次下去……在时间分配上也要有所偏重，最好将大部分时间都用在做 A 类及 B 类的工作之上。

因此，早上花 3 分钟，将这项工作进行到底。

◎ 第一分钟：抓住重点

如果到处都是重要的工作，那就是没有重点。只有分清了工作的先后顺序，才能将最重要的任务抓住，并将它们处理掉。这样做的好处还在于，能防止你在完成任何一件事情——无论是多小的一件事之前，滋生压力以及紧张的情绪。

◎ 第二分钟：集中精力

通过有效的排序，可以让你对工作的重要性一目了然，那些"小事情"就可以不放在心上，以最小的努力，将任务又快又简单地完成，还可以避免因为这些小而杂乱的事情而分心。

◎ 第三分钟：标注标记

这一点十分简单，却很重要。比如，在应该最先做的工作前面画上一个代表着优先程度的星星。这样，你可以随时随地知道自己应该先做什么。

有人曾说过这样一句话："你可能非常努力工作，甚至因此在一天结束后感到沾沾自喜，但是除非你知道事情的先后顺序，否则你可能比开始工作时距离你的目标更远。"实践也证明，这的确非常重要。

6. 评估工作方式

工作计划完成了，但是并不代表你没有偏离目标。为什么会出现这种问题呢？原因就在于工作方式、方法，以及执行过程中产生了偏差。这就需要在完成目标工作的过程中，对任务的执行进行追踪和评估，以便及时发现问题，及时予以纠正。

最典型的事例发生在一家高档服装生产企业中。当年，身为总裁的林先生定下了年销售额达到 5000 万元的目标。结果，到了第三季度时，销售额已经超过了这个目标，所以林先生就认为公司已经达成目标了。但到年末的时候他发现，营业额里有很大比例不是来自常规产品，而是一些客户有特别需求，就组织了一帮人给客户量身定做高级成衣而来。

表面看来，销售额是完成了。但是实际上它没有完成公司的目标，因为公司主打产品的实际销量没有上去，也没有在市场上打开局面，这对于企业日后的发展是十分不利的。这就说明公司在执行过程中的工作方式是有问题的，固然客户的特别需要必须满足，但是保证主导产品的市场占有率更为重要，当时发现了这一问题，就应该随即提出方案解决产品滞销问题，而不是只追求表面的数字达标。

因此，评估工作方式势在必行，当然这不是为了看结果是否正确，而是要看过程是否正常，具体流程可以参照下图 2-7。

在此过程中，应要注意掌握几个关键要点，只有这样才能让评估结果更加真实、有效，如表 2-3 所示。

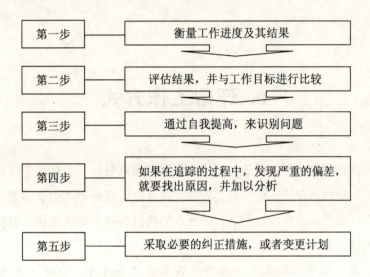

第一步	衡量工作进度及其结果
第二步	评估结果，并与工作目标进行比较
第三步	通过自我提高，来识别问题
第四步	如果在追踪的过程中，发现严重的偏差，就要找出原因，并加以分析
第五步	采取必要的纠正措施，或者变更计划

图 2-7 评估工作方式的流程示意图

表 2-3 评估工作方式的关键点

要点	说明
定期进行评估	评估工作应该固定化、长期化，不能等出现问题后才去评估，要养成定期评估的习惯
分清主次	每天所要处理的事务很多，不可能事事追踪，因此一定要分清事情的主次，对重要的事一定要定期检查，次要的事则也可以稍微放松一些
分清可控与不可控	有时候造成目标偏差的原因是个人主观方面的失误，或者措施不当，这些都是个人能够控制的，但是有些却是客观存在、无法控制的，如分配你去做市场调研，但是经费迟无法到位
挖掘深层次的原因	在评估过程中，不要被表面的现象迷惑，应避免只做机械式的业绩和目标的比较，应当挖掘发生偏差的深层次原因

不过，所有这些评估工作要得以实施，必须要有大量翔实的信息作为保证，这就需要每天早上花 3 分钟来思考这方面的问题。

◎ **第一分钟：报表**

建立定期的报告、报表制度十分必要，并且一定要将其落实到书面上，这样就可以通过查阅相关信息，获得第一手的评估资料。

◎ **第二分钟：会议**

定期召开工作会议，及时沟通工作过程中遇到的问题，或者执行中的难题，可以有效减少工作发生偏差的几率。

◎ 第三分钟：反馈

你必须定期地将工作追踪的情况予以反馈，应知道自己表现的优劣所在；寻求改善自己缺点的方法；使自己习惯于自我工作追踪及管理等。

事实上，就评估工作而言，其本身并不复杂，但关键是要能细致并且不断坚持地执行下去。

7. 使用记事本

提到记事本，很多人都不陌生。不过，你知道记事本在时间管理规划中能起到什么作用吗？它对于你提高工作效率意味着什么？可能很多人对此并不感兴趣，认为不过就是一个小小的记事本嘛，不值得一提。

实际上，每个人都应该持有一本记事本，并使用它，因为它会让你的生活更充实、更有条理。那么，首先就来认识一下记事本的种类及使用情况。通常，记事本可以大致分为简易式、活页式及两者并用式三种。在现实中，没有固定说哪一种记事本更加好用，这完全取决于使用者个人的习惯，比如20岁左右的年轻人可能比较喜欢活页式记事本；30岁左右的上班族，则会对简易式的记事本比较钟情，而到了40岁左右，就可能喜欢使用两者并用式了。

那么，如何使用记事本才更有利于效率的提升呢？如表2-4所示。

表2-4　使用记事本的要领

要点	说明
挑选	要挑选一个尺寸大小适中的记事本，以便于随身携带，随时查阅，一般A5大小的笔记本比较适合
按时间顺序进行记录	将工作中的所有相关信息记录在记事本中，不过需要注意的是，将每件事情按时间"区分"，依序写下去，并把具体时间标注清楚
关键字原则	在做记录时，如果将所有内容都写下来，就很不容易从中找出重点所在，这样会大大降低做事的效率。因此，只要记下关键字词，或者将印象深刻、容易触发记忆的内容记下即可
及时整理	最好当天的笔记内容当天整理，因为所记录的都是关键词或者句，时间久了同样会遗忘当时的情景，因此整理笔记最长不要超过3天
确认空格	在每条具体事项前面都要添加一个"□"（确认空格），等该条记录完成之后，可以在前面及时打钩，以表示已经处理完毕

续表

要点	说明
类别索引	对于特别重要的事项设立专区，并在右上角贴上类别索引，再以时间先后进行排序，以便在需要时能迅速找到
专区	人有时候会在不经意时激发出创造性的灵感，这时就应该及时将其记录下来，因为这样的灵感往往来得快，去得更快，同时，在记事本中专门开辟一个记录这些内容的专区，以作备用

记事本的使用，让你回归到了最简单的，用纸笔作为时间管理工具的阶段。当然，简单的并不是不好的，相反它是高效的。因为你在记事本上记什么，如何记，意味着你每天想什么，希望做什么，也就是意味着你生活的视野。要如何生活？做些什么事？换言之，记事本的使用方式，已经成为你对自己生活所做的一个设计，记事本则在每一天给你活力，培养你的智慧，提高你的能力，从而使你的工作和生活更有效率。

因此，当你每天早上翻开记事本时，不妨花3分钟思考以下这些问题。

◎ 第一分钟：充实

使用记事本，会让你自己的每一天变得更充实吗？

◎ 第二分钟：有效

你是否因此而能完成更多的事？你的能力得到发挥，智慧增长，工作出色，事业成功，并且赚到足够的金钱了吗？

◎ 第三分钟：改变

你的人生、你的生活因它改变了吗？是不是让你充满自信？

如果上述问题的答案都是肯定的，那么就达到了使用记事本的初衷。你只要每天使用它，自然而然，你的能力就会增长，你就会过上充实且充满活力的生活。

8. 积极思维

与积极相对的是消极，消极的思维方式会让你的情绪波动，失去干劲儿，降低工作效率；对人怀有戒心、忌妒、明争暗斗、愤怒……总之，任何一种消极情绪都会使你难以做到最好，使你浪费了本来可以有所作为的时间。

如果你有消极情绪而又无法自拔，要寻求帮助；如果你有过情绪创伤，就应该找心理健康专家帮忙解决；如果你有消极态度，就应该看内容积极向上的书。要尽一切可能培养一种积极的态度。

就像那个古老的故事所阐明的一样。

在古代，读书人唯一的出路就是金榜题名。有一个举人也不例外，他满怀希望来到京城赶考。距开考还有几天，他便投宿在一个客栈里。有一天晚上，举人做了三个梦。第一个梦，他梦见自己在墙上种了一棵白菜。第二个梦，他梦见自己在下雨天戴着斗笠，还打着伞。第三个梦，他梦见自己和心爱的表妹躺在一起，却是背靠背。

举人觉得在临考前做这样的梦，肯定是老天给他的一些暗示。于是，他第二天起来，就找算命先生解梦。算命先生听说后，摇摇头，解释说："高墙上种白菜，那不是白费劲吗？戴着斗笠打雨伞，那不是多此一举吗？和表妹躺在一张床上，却背靠背，那不是说明没戏吗？"所以算命先生建议举人还是打道回府吧。举人一听，心灰意冷，收拾东西就要走。

店老板感到很奇怪，便上前问道："你不是明天考试吗，怎么今天就回家了？"举人就把情况复述了一遍。老板听后大笑，说："我倒觉得你这次一定要留下来，定能高中。你想想，高墙上种白菜，不是说你这次高中吗？戴着斗笠打雨伞，不是说你有备无患吗？你和表妹背靠背躺在一起，不是说你翻身的时候就要到了吗?"

举人一听,觉得更有道理,第二天轻轻松松参加考试,结果高中进士。

很显然,这就是在两种完全不同的思维模式下产生的结果,一种是积极思维;另一种是消极思维。经常用积极思维来思考问题的人,便有了乐观幸福的人生。那些在短暂的一生中取得辉煌成就的人,都是用积极的思维方式思考人生的人,而大多数人却总是陷入了消极思维的怪圈。

具体到方法论上,那就是行为和结果的问题。

就像有位美国学者在其《超级思维——人的终极能量》一书中说:"积极思考是我们生存的这个宇宙中最伟大的力量。"事实的确如此,一个积极思考的人总能把握自己生活的节奏,他相信自己,了解自己,不会沮丧,也没有恐惧,能永远立于不败之地。他总能冷静地处理一切,轻松面对任何挑战,不断将自己提升到更高的境界。

为此,早上一定要花3分钟训练一下自己的积极思维能力。

◎ 第一分钟:积极行动

很多时候,人们总是习惯于等有了一种积极的感受后再去付诸行动,实际上这是在浪费时间,本末倒置。实际情况是,积极的行动会导致积极的思维,积极的思维会产生积极的人生态度,而态度是紧跟行动的。如果一个人从一种消极的人生态度开始,而非付诸行动,总是等待着感觉把自己带向行动,那他永远也成不了梦想中的积极思维者。

◎ 第二分钟:信念

信念支撑一切,为了培养出积极的思维习惯,你必须心怀必胜、积极的想法,如卡耐基所言:"一个对自己内心有完全支配的人,对他自己有权获得的任何其他东西也会有支配能力。"只有当你用积极的方式思维,并把自己看成成功者时,你就已经成功了一半。

◎ 第三分钟:告别琐碎

但凡成功的人,都不会将宝贵的时间浪费在一些鸡毛蒜皮的琐事之

上，因为琐事会使你偏离主要目标和重要事项。

　　西方一位哲人曾说："思想就是物质。"当洛克菲勒的口袋里没有一分钱的时候，他在心里对自己说："有一天我要变成一个百万富翁。"而他后来确实成为了百万富翁。积极思维就是这么棒，它会让你追求的所有美好的东西都变为现实，但前提是你首先要成为一个积极的思维者。

9. 分清工作的轻重缓急

分不清轻重缓急的直接后果就是，工作效率低下且没有成效。那么，如何才能分清工作的轻重缓急呢？关键的是要掌握安排时间的技巧。

法国哲学家布莱斯·巴斯卡说："该把什么放在第一位，这是人们最难懂得的。"许多人真的被这句话说中了，他们完全不知道怎样把人生的任务和责任按重要性排列，他们以为工作本身就是成绩，其实这种观点是不正确的。

在这里不得不再次提到四象限原理（图2-8）。

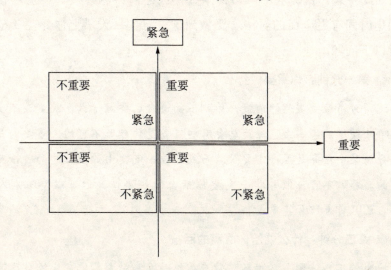

图2-8 四象限原理——划分工作轻重缓急的示意图

判断工作的轻重缓急，合理安排工作的主次，在行动时即可分为以上四个层次，具体如表2-5所示。

表 2-5　判断工作的轻重缓急，并采取相应的行动

四个层次	行动指导
不重要但紧急	遇到这种类型的工作，千万不要被其表面的紧急假象迷惑，以为应该立即去行动，实际上冷静分析后你会发现，应该将它列入次优先工作中去，或者让别人去做
重要又紧急	这些事情看上去比任何事情都要优先，似乎必须立刻去做。而这样的结果是：你会嗜急成瘾，永远忙忙叨叨。其实，最好的时间管理，就是让这类事越少越好
不重要也不紧急	效率的大敌，因为这些事情会让你分心，给你一种有事可做和有成就的感觉，使你有借口把重要的工作向后拖延，这是许多能力不够而又身居高位的人的最大弱点
重要但不紧急	很多人都以为不紧急就应该放在后面来完成，实际上这就大错特错了。这些重要的事情才是第一优先的事情。只有当你把主要精力用在"重要而不紧急"的事上，你才能从容应对。记住一个原则：把最重要的事做到最好，不值得做好的事，就不去做。对这类工作的注意程度，恰恰是衡量一个人有无办事效率的重要指标

如此一来，在确定每一天具体做什么之前，你必须对自己应该如何利用时间有更全面的看法。要做到这一点，每天早上你要花 3 分钟思考以下问题。

◎ **第一分钟：你需要做什么**

这是分清轻重缓急的前提，你都不知道自己要做什么，就更谈不上哪个急哪个缓了。事实上，每天总会有些任务是你非做不可的，重要的是你必须分清某个任务是否一定要做，而且是否一定要由你做。这两种情况是不同的。非做不可，但并非一定要你亲自做的事情，你可以委派别人去做，自己只负责监督其完成。

◎ **第二分钟：什么能给你最高的回报**

按照"二八法则"的经验，你应该把时间和精力集中在能给自己带来最高回报的事情上，也就是比别人干得出色的事情上，这样使用时间是最有战略眼光的，也是最高效的。

◎ **第三分钟：什么能给你最大的满足感**

实际上，回报最高的事情，往往不一定是最能给你满足感的事情。就

像你做得最好的工作，不一定是你所喜欢的工作一样。因此，无论你地位如何，你总需要把部分时间用于做能带给你满足感和快乐的事情，这样你会始终保持工作热情，因为你的工作是你所感兴趣的。

"分清轻重缓急，要务优于急务，选择优先速度"，这是高效工作的精髓。

10. 合并简化

毋庸置疑，你的任务越少，你需要管理它们的时间就越少，这就需要将纷繁多样的工作进行合并；如果你的任务越简单，完成它你需要花费的时间就越少，这就需要简化你的工作。

所谓合并，就是将相同的工作合在一起做，可以减少重复的往返、操作以及准备。

有一个行政人员，他每天需要做的工作量十分庞大，尽管他恪尽职守，工作十分认真负责，但是一到绩效考核之时却总是被警告效率低下。为什么会这样呢？就拿递送公文来说，他总是有一件公文就立刻去送，所以每个人都找不到他。为了改变这种状况，他想到了合并工作，即等送往同一个部门的公文都到了，再一起送去，当然个别加急的可以考虑单独递送。这样一来，他送得轻松，绩效也好，因为送一件二十分钟，送二十件，也是二十分钟，这就是合并。

因此，在日常生活或者工作中，对可做可不做的坚决不做，不妨与别的工作合并，以提高整体效率（图2-9）。

所谓简化就是，将烦琐事务经分析研究后理出次序，选择重点并以最科学的方法加以处理，从而提高办事效率的方法。

需要注意的是，一是对比较复杂的工作，可以先分解成若干个小的部分，然后对每个部分进行最后的核查，看能不能再进一步简化，如果不能，就证明已经是最佳状态；二是确定工作先后顺序的原则，可参照美国管理学家德鲁克的方法：即重将来而不重过去，着重于机会而不着重困难，选择自己的方向而不跟随别人，追求有突出的表现而不仅求安全和易做；三是要达到工作的有效性，其主要秘诀之一，就是要专心。这是因

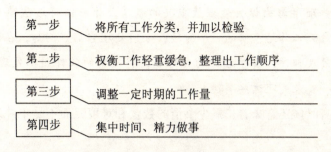

第一步	将所有工作分类，并加以检验
第二步	权衡工作轻重缓急，整理出工作顺序
第三步	调整一定时期的工作量
第四步	集中时间、精力做事

图2-9　简化工作的步骤与流程图示

为，人的精力和所能支配的时间总是有限的。一般来说，要完成重大的工作任务，必须有"大块"时间，必须作出连续性的努力；四是在确定工作方法时，应着眼于最佳途径或综合作用。同时，方法还应不断地改进。

具体改进的方法，如表2-6所示。

表2-6　简化工作的改进方法

改进方法	说明
分析改善方式	即对现行的办事手段和方法认真地加以分析，找出存在的问题（不合理和无效的部分），加以改进，使之与实现目标的要求相适应
独创改善方式	即不受现行方法的局限，发现问题后，首先明确这项工作的目的，提出实现目标的各种方法的设想，从中选择最佳的手段和方法

为了不断提高你合并、简化工作的能力，每天早上花3分钟可以做以下三个方面的训练。

◎ 第一分钟：删除

尽量删除那些不必要的工作，以减少你的任务。如果你只有三个任务要管理，相比二十个任务，你只要更少的时间就可以将它们做好。

◎ 第二分钟：收集

在把事情遗忘前，把所有进入大脑的想法和要完成的任务都记录下来，这样你就能够心无杂念地集中于一件事情上。

◎ 第三分钟：集中处理

除了完成每天最重要的事情外，每天你还会有很多琐事需要处理。为

了避免这些琐事影响你去处理最重要的事情，你应该将这些琐事集中处理。安排每天工作结束前的一个时段，专门处理它们。例如，在固定的一个时间去处理邮件，去整理你的文件夹，将所有的收件箱都处理为零等，而不是花一天来处理这些事。

　　省事有时候还意味着，减少事情的数量和难度，而不是单纯地提高做事的效率。

11. 确认任务

确认任务实际上要做的工作就是,为自己编制一张任务清单,清单的内容包括需要完成的任务、步骤以及时间等。任务清单就是将头脑中的任务一一落实到纸上,这有助于你考虑需要做什么才能完成这件事,以便你在需要时获得帮助,并监控你的进度。

当然,任务清单不应该只有在临近崩溃,工作一团混乱时,才拿出纸和笔拟一张,把每件想到的事都写下来,贴在电脑旁或者塞进钱包,之后照着单子做,暂时松一口气,然后下一次又被这样的常规生活压垮,到达崩溃边缘。这个事倍功半的循环既疯狂又愚蠢——而这就是多数人的生活。

可以说,任务确认不仅仅是制定一份可执行的清单,还在于使用的习惯,如按时回顾。

那么,首先就来看一下,如何才能编制出一张实用的任务清单。

实际上,任务清单的编制十分简便,只需按照需要完成的工作顺序列出你实现目标所需要完成的子任务即可。下面以某部门经理为组织一次部门活动所列举的任务清单为例,来说明任务清单的格式及要素,如表2-7所示。

表2-7　任务清单

序号	任务描述	负责人	完成时间	进度
任务1	建立任务计划表,并告知任务组织成员	小周	本周二	已完成
任务2	确认参与人数	小周	本周三	已完成
任务3	预定活动场地,并列出所需要的物品	王主管	本周五	未完成
任务4	预定并安排车辆	王主管	本周五	未完成
任务5	填写现金支取单并批准,支取现金	李经理	下周三	未完成
任务6	确认节目以及表演人	小周	下周二	未完成

续表

序号	任务描述	负责人	完成时间	进度
任务7	提前邮件告知当日安排	小周	下周四	未完成
任务8	再次确认参与人数	小周	下周四	未完成

事实上，每项工作，都可以拆分成很多任务，然后分配给相应的人员，而个人的任务管理对项目管理来说，则显得尤为重要了。也就是说，作为工作的执行者，你需要明确地知道自己的任务是什么，并且知道如何在规定的时间内完成。

如此一来，列出一张明确的任务清单又是十分重要的。当然，在编制任务清单的过程中，还需要注意一些事项，如表2-8所示。

表2-8 编制任务清单的注意事项

注意事项	说明
充分了解任务要求	如果有疑问，就要及时与领导或者同事进行及时沟通，因为如果方向错了，那到头来只能白忙活
列出时间表	根据任务本身，列出所需要的资源，然后再根据自己的实际能力制定时间表，制定时间表的时候一定要预留出一部分的时间作为机动，以防在任务执行过程中发生意外
资源	根据任务列出所需资料清单，即需要哪些人力、物力、财力等方面的资源
合理分配时间	在多个任务完成过程中，注意合理地分配时间。如果有些任务是可以并行的，就不要一个任务一个任务来，这样非常浪费时间
阶段性总结	在任务进行了一段时间后，对当前的完成情况进行小结，看哪些已经完成，哪些还落后，并找出原因，以便及时解决
发现和解决问题	可以按照这样的步骤进行：发现了什么问题，问题的背景情况是怎样的，问题带来的影响有多大，有哪几种解决方案，每个方案的优缺点

实际上，确认任务最终的目的就在于，让你养成每天使用任务清单的习惯。因此，从现在开始，每天早上花3分钟来培养自己的这种习惯。

◎ 第一分钟：放置

将列有任务清单的记事本放在裤子后的口袋里，这样每次坐下你都能感觉到它的存在，然后再用皮筋把记事本或索引卡固定在钱包或皮夹上，这样每次你从钱包里取钱、信用卡、身份证、名片等时，都能注意到它。

◎ 第二分钟：提醒

为了不让自己遗忘任务时间，可以使用在线待做列表服务，如 Remember the milk，Tada，Toodledo，或者 Todoist，并将其设成主页或放到电脑桌面上。抑或可以使用一个闹钟提醒系统（使用如 Google Calendar 的手机短信提醒，桌面定时器，或者手机闹钟）来提醒你去查看清单。

◎ 第三分钟：定时回顾

每天留出几分钟来回顾一下任务清单，想想接下来要完成什么，考虑一下生活中的长远目标以及在实现它们的过程中还有什么是你能做的，为每一项任务写下详尽的计划，确保"等待中"的条款都已经取得，总之，把一切"考虑中"的条款都想一遍。

一段时间以后，制定并使用任务清单，就将成为你在高效利用时间方面的一个良好的习惯。

12. 提高专注力

所谓"专注"，即做事"全神贯注""专心致志"。那么，专注力是否有利于效率的提升？在回答这个问题之前，不妨回忆一下：你是不是经常在工作中无法保持长久的专注力？即使已经努力摒弃一切干扰，但在执行一项任务时，仍然不免会莫名其妙地分心？

如果你一直被这些情况所困扰，那么说明你缺乏做事的专注力，而这已经影响到了你的工作效率。如果意识到这个问题，却一直没有找到解决的办法，势必会给你带来更多的焦虑情绪，而这更加不利于工作效率的提升。

有心理学家曾经对这个问题进行过研究，即当一个人集中注意力、专心于工作时，会呈现什么样的状态。

答案是："无论他是读书或工作，如果没有达到'忘我'境界，就很难有进步。忘却时间的流逝，耳朵听不见任何杂音，纯粹沉浸于乐在工作的状态——这就是所谓的'神驰状态'（flow status）。很多运动选手常在比赛中体验到这种神驰状态，例如，棒球选手说：'看见球停在空中。'足球选手表示：'明显看到一条线指出传球方向。'"

往往能够在某一件事情中进入神驰状态的人，他们几乎都有一个共同点，即他们不在乎行动之后的结果，而在乎行动本身的价值。换言之，他们对于薪水、成绩、胜败毫不执著，单纯将精神集中于眼前的任务，并且享受这段全神贯注的时光。

事实证明，在这种状态下的人，无论是工作还是学习，其效率都是非常之高的。

不过，很多人都有这样的感觉，大多时候自己是无法进入这种状态的，自己很难在某一时间段专注于某事，尤其是对于那些枯燥、乏味的工作更是如此。那是不是说，专注力就是某些成功人士的天赋？其实不然，专注力是可以通过一些方法加以培养的，早上花费 3 分钟，任何人都可以通过以下三个方法，让自己拥有极高的专注力。

◎ 第一分钟：目标明确

认真思考"自己想做什么事情""想过什么样的生活""如何才能让自己表现更好"等问题，并且找出明确的方向，这些目标将会根植在潜意识中，成为维持专注力的基础。

◎ 第二分钟：拟订计划、预先演练

如果能够明显看出工作进度，便能提高工作专注力。因此，不妨在晚上睡觉前，先规划隔天的工作事项，并且依照紧急程度和重要程度排出优先级；次日起床后便按照清单逐步完成工作。如此，便能实际感受工作正在推进，因而产生自信和干劲，进一步提升专注力。

◎ 第三分钟：积极暗示

通过一些文字或语言，都可以控制自我意识。所以，让自己身边围绕着正面积极的语言，不受外界或情绪的影响，便会慢慢改善专注力。例如，"不论在工作或生活中，我的专注力都愈来愈好"或"每一天我都变得更好"。

"专注力"是一种很简单的实践——留意新事物，积极寻找差异。也就是说，无论做什么事，人们都必须先找到某个能让自己一头栽进、全心付出的兴趣。只有这样，你才能高效地完成所做的一切。

13. 分清责任

　　责任与效率看似没有联系，实则影响巨大。其中，最著名的案例就是"三个和尚"的故事，一个和尚有水吃，两个和尚抬水吃，三个和尚没水吃。为什么人越多，反而效率越低下呢？根本就在于责任不明确，如果不用承担任何责任，那么谁都不会主动去找事情做。

　　关于这一点，有一位专家还做过一个著名的实验，叫做"拉绳实验"。

　　具体经过为：他请了一组人来参与实验，并把被试者分为了四组，其中有一人组、二人组、三人组和八人组，要求各组用尽全力拉绳，同时用灵敏度很高的测力器分别测量其拉力。结果，二人组的拉力只是单独拉绳时二人拉力综合的95%；三人组的拉力，则降到单独拉绳时三人拉力综合的85%；而八人组的拉力，则降到单独拉绳时八人拉力综合的49%。

　　实验表明，对于一个单位，在管理上应分工明确，责任到人，建立人尽其才，人尽其力的激励机制，有利于挖掘人力资源潜能，提高工作效率。也只有这样，才可以让"南郭先生"无法藏身，混日子。

　　不仅如此，责任对于个人也一样，每个人只有知道自己所应该承担的责任，才可能有上进之心，这是由责任的内涵所决定的（图2-10）。

　　这几者有机地构成了责任的内涵，彼此相关又互相作用，如对待人生和生命环境的态度决定了人生观、价值观和世界观；人生观、价值观和世界观决定了心智、格局和胸怀；心智、格局和胸怀决定了使命、空间和追求；使命、空间和追求决定了日常生活中的心态、态度、原则、作风、风格、习惯、思想等。此外，日常生活中的心态、态度、原则、作风、风格、习惯、思想，又不断积累、反馈、沉淀从而形成了人生观、价值观和世界观。

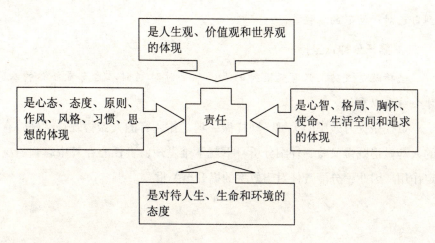

图2-10 责任的内涵

责任就是担当，就是付出。责任是分内应做的事情，也就是承担应当承担的任务，完成应当完成的使命，做好应当做好的工作。那么，如何才能分清责任，培养出有担当的责任感呢？

显然，了解自己所承担的各种责任，是履行责任，培养责任感的基础。不同的社会角色，就意味着承担不同的社会责任，如为人父母，就承担着对子女的责任；为人子女，就承担着对父母的责任；为人夫，就承担着对妻子的责任；为人妻，就承担着对丈夫的责任；身为员工，就承担着对企业的责任等。

因此，要想分清自己的责任，首先就要分清自己所处的位置，以及所扮演的角色。除此之外，早上花3分钟，进行一系列的自我修炼。

◎ **第一分钟：担当**

一个有所担当的人，才能懂得责任的内涵，也才能有决心将自己的工作做到最好。为此，你应该遇事不推卸责任，在需要你承担责任的时候，立刻去承担它，这便是最好的修炼。

◎ **第二分钟：职责**

牢牢记住自己所扮演的角色，以及自己的岗位职责，多问自己："我做得如何，什么是我的责任？"出现问题不是到处找借口，而是首先意识

到自己对于问题的责任。

◎ 第三分钟：坚持

坚持就是成功，只有能坚持的人，一个时时刻刻永远有责任心的人，才会被委以重任。

责任是提升效率的关键。同样做一项工作，有的人做得既快又好，有的人却做得既慢又差，仔细分析一下就不难发现，责任心在其中起到的决定作用。因此，分清责任对于效率的提升至关重要。

14. 衡量工作价值

为什么要谈论工作价值？因为如果没有认识到工作的深刻意义，那么工作就变成了一种痛苦。相反，如果认识到工作的深刻意义，那么工作就变成了一种快乐。如果没有认识到工作的深刻意义，那么工作就失去了它真正的价值。相反，如果认识到工作的深刻意义，那么工作就会让你实现自身的价值。

因此，只有端正工作的态度，才能体会工作的价值，才能实现自身的价值。只有深刻理解工作的意义，才能快乐地工作，才能更有效率地工作。从这个意义来说，工作价值观是一套自我激励机制，它指向你一生中最重要的东西。工作价值观可以通过你如何使用你的时间和如何生活反映出来。工作价值观将帮助你发现应该如何在工作环境中实现工作满足感。你可以发现之所以对目前的工作不满意，是因为这项工作和你的价值观与兴趣不够吻合。

有时为了生存，你不得不找一份工作以付清各种账单。这种情况下，你会感到空虚、沮丧，而且在工作中无法实现自我。一旦你认清自己的工作价值观，你会很自然地把它们融合到工作中去，以最大的热情投入到工作中，从而取得最大的工作成效。

那么，你的工作价值究竟体现在什么地方，该如何衡量呢？

首先要确定衡量工作价值的原则和标准（见表2-9）。根据各要素的重要性，给出它们在整个评估中的权重和分数，如工作责任最能体现工作价值，该要素所占的权重就大，占33%；而工作环境对工作的影响较小，所以权重仅占10%。确定了大项要素的权重后，然后根据各项子要素的重要性再进行权重的二次分配，对子要素的各个等级再定分数，这样不同的职位就能在不同的等级上有所体现。然后，再综合出一个价值数据，这就是

你工作价值的实际体现。

表 2-9　衡量工作价值的原则和标准

原则	多人评估：让不同的人从不同的角度来审视评估工作的真实价值，通过多方汇总，形成比较公正的意见
	多角度评估：从不同的方面来进行评估，不能单纯地按照几个个别因素，如职务、阅历、学历、工作量等来确定，它们只是确定工作价值的一部分因素，只有设计一个系统的评价体系，才能体现工作的真实价值
	行业和企业情况：评估标准不仅要保证先进性和科学性，而且一定要适应行业状况、针对企业实际情况来设计
标准	比较通行的工作评估标准包括：工作责任、复杂程度、任职资格、工作环境四个大的要素，其中每个要素下面有若干个子要素，每个子要素由不同的等级构成，各个不同等级之间有明确的描述和区分

工作评估标准（总分 100 分）				
评估因素		等级	最高分数	合计	比重/%

	评估因素	等级	最高分数	合计	比重/%
工作职责	风险控制的职责	3	7	33	33
	指导监督的职责	4	5		
	内部沟通的职责	5	6		
	外部协调的职责	2	4		
	组织、管理的职责	3	7		
	决策的职责	1	4		
	…	…	…		
工作环境	…	…	…	10	10

　　实际上，任何工作都有价值，无论从事哪种工作或是做哪个岗位，都不要把这份工作看轻了，因为如果自己都把工作看轻了，那么就等于把自己看轻了。没有工作没价值，没有岗位不重要，既然选择了现在的工作，那么就找到这份工作的价值，让自己充满职业自豪感，这样就必然会唤起你的激情与热情，才能更高效地完成它。

　　因此，在每天早上起来，花 3 分钟来找到自己的工作价值，关键是要纠正以往对工作的偏见。

◎ 第一分钟：工作不分高低贵贱

工作只有职责不同，没有高低贵贱之分，每一项工作都是有价值的，都是重要的，因此，不要以自己的工作低下或者不重要为借口，来敷衍或者不履行职责。这样，你不仅浪费了自己的时间，更重要的是你失去了自己存在的价值。

◎ 第二分钟：不要仅仅为谋生而去工作

不要仅仅把工作当做一个谋生的手段，而应将它视为值得用生命去做的事，工作是一个包含诸多智慧、热情、信仰、想象和创造力的词汇。每一项工作都有它存在的价值，只要你善于去发现。

◎ 第三分钟：不要认为工作与热情无关

实际上，工作首先是一个态度问题，它需要每个人都投入最大的热情和激情来完成它。要想做到这一点，就得对工作有一种发自肺腑的爱。只有以这样的正面思维去对待工作，你才能得到工作所给予的奖赏，才能体会到工作的价值所在。

牢记，每一份工作都有它存在的价值，只要你善于去发现。

15. 保持良好精力

旺盛的精力是高效完成工作的基本保障。从工作的角度来看，精力就是一个人工作的能力，人的精力来源于四个层面：生理、情绪、思维和精神（图2-11）。那么，如何使一个人能够拥有源源不断的精力呢?

图2-11　人的精力四分图

由此可见，要想保持良好的精力，就要从以下四方面入手。

首先，通过改变一些生活习惯，从生理方面提升你的精力。生理方面的提升比较容易理解，它分别需要从营养、锻炼、休息等方面来实现。为此，你要养成一些好习惯，如每天晚上按时睡觉，适当延长睡眠时间；或者改变就餐习惯，如可以少吃多餐等。这些在生活习惯上的细小变化，能够很好地提升你的精力，并提高你的工作效率。

具体可以参照以下一些合理的建议，如表2-10所示。

表2-10　从生理方面提升精力的方法

方法	建议
体育锻炼	● 感到精神不振时，不妨以散步来代替工作，经证明，10分钟轻快的散步会使后来的两小时内精力充沛 ● 利用业余时间，多参加一些有氧运动，如舒缓松弛的太极、瑜伽等 ● 大运动量后不适合再干重复的工作，而是充分地休息调整

续表

方法	建议
饮食营养	● 适量摄入脂肪类食物，因为脂类是大脑活动所必需的，缺乏脂类会影响大脑的正常思维 ● 多补充一些维生素，如多食含维生素 A 的食物，可有效预防视力减弱
睡眠	● 确定睡眠休息时间早晚的上限和下限，如晚 11 点半至晨 6 点，不要养成睡懒觉的习惯 ● 保证睡眠充足，如每天提前半小时入睡，两周下来等于多睡一晚 ● 白天小睡片刻，有助于身体更好地调整和恢复 ● 避免吃得过饱后立刻睡觉，应尽量在饭后两小时后入睡

其次，通过改善情绪，来提升精力。很显然，当一个人情绪舒畅时，他对待工作的态度就会非常积极，不管遇到多大的困难或者压力，都能够顺利度过，相反，当一个人情绪不佳时，就容易出现消极怠工的问题。因此，如何控制好自己的情绪，是保证工作持续有效的重要因素。具体建议，见表2-11。

表 2-11　通过改善情绪来提升精力的建议

方法	建议
自我激励	● 告诉自己未来是美好的 ● 处变不惊，一旦有意外事件出现，不要被接踵而至的惊慌、焦急等情绪控制，要告诉自己办法总比问题多，开动脑筋，想各种有利对策 ● 知足常乐，经常想到自己是幸福而充实的，保持心情舒畅，从而增加获得成功的可能性
积极暗示	● 让自己不要紧张，相信自己定能闯过难关 ● 通过自言自语，或将提示语写在纸上，贴在墙壁、床头等可以经常看得到的地方，以便鞭策自己
转移注意力	● 苦闷烦恼时，去听音乐、看看喜剧 ● 初次登台演讲，把注意力集中到讲话的内容上 ● 晚上大脑兴奋失眠，可把注意力集中到默数单调的数字上等
倾诉	● 当情绪不佳时，让自己有节制地发泄，如向周围的亲人或者朋友倾诉苦闷烦恼，有时候说出来比获得实际的帮助更有效

再次，通过改变思维方式，让精力专注于重要的工作之上。要改变你的思维方式，从"求快"中摆脱出来，养成一种井井有条的好习惯。有再多的事都不要着急，不要因为事情多而去想着同时干几件事情。要做好计划，研究表明，除非有意识地为所需要完成的事情做计划，人们始终倾向

于到最后时刻才匆忙赶完工作。

最后，精神是精力的内涵和目的。当一个人认为日常工作和行为具有极大的价值时，就会对其表现出更积极的精力和更坚强的意志，从而加大个人投入的程度和效率，这就是精神的力量。精神激励往往比任何物质激励更有效，其广泛来源于以下 3 个方面，如表 2-12 所示。

表 2-12　精神激励的来源

来源	说明
喜欢或者擅长的工作	当一个人从事自己所喜欢或擅长的工作时，就会觉得是一种享受，感觉不会疲惫，自然效率就会提升
重要的工作	每个人在潜意识中都期待能够被委以重任，因为重要的工作更能体现一个人的价值和能力
寻找自己的核心价值	快节奏的生活和工作，让人没时间停下来去思考"自己想得到什么"，以及"更想成为什么样的人"之类的问题。所以人们一直处于疲倦、茫然的状态，一旦有机会揭示自己的核心价值，必然会精神愉悦

掌握了以上几个方面，对于你保持良好的精力将十分有帮助。除此之外，你还需要从自我管理方面进行调整，早上花 3 分钟来做这些事情。

◎ 第一分钟：获取支持

每个人的精力是有限的，自然所能完成的工作也是有限的。如果能够获得来自组织、他人的支持，那么将会大大提升你完成工作的可能性，同时也能最大限度地保存你的精力。

◎ 第二分钟：良好的习惯

诸如饮食、锻炼、睡眠，甚至是情绪调节，都与个人的习惯有关，良好的习惯是促成良性改变的推动力。否则，任何改变都是徒劳的。

◎ 第三分钟：信任

信任会促进个人与组织，与他人之间的合作，这又是有效节约精力的重要保证，一件艰难的工作由一个人来完成，显得有些力不从心，若是由各有所长的几个人来完成，恐怕就是信手拈来。

效率从来就是行动的体现，而快速行动的保证就是保持良好的精力。

16. 创造性思维

创造性思维就是要打破思维定式，打破一切阻碍效率提升的陈规陋习，它是一种具有开创意义的思维活动，即开拓人类认识新领域、开创人类认识新成果的思维活动。创造性思维是以感知、记忆、思考、联想、理解等能力为基础，以综合性、探索性和求新性为特征的高级心理活动。

在实践中，创造性思维体现出了诸多与众不同的特性（图2-12）。

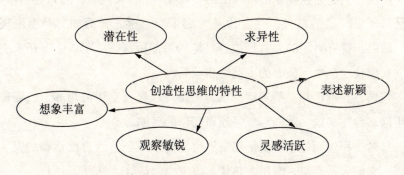

图 2-12　创造性思维的特性

正因为创造性思维体现出了这些显著的特性，所以其可以改善创造环境，运用创造技法，开发创造能力，实现创造成果。

那么，人如何才能激发，并保持良好的创造性思维呢？

首先，意志是激发创造性思维的"精神能量"。众所周知，意志力表现为一个人为了达到一定的目标，自觉地运用自己的智力和体力进行活动，自觉地同困难做斗争，以及自觉地节制自己的行为。任何人在进行活动时，都会遇到困难和阻力，若非意志力坚定，是无法完成的。通常，复杂的意志活动可以分为五个阶段或层次（表2-13）。

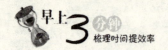

表 2-13　意志活动的五个层次

五个层次	说明
意向	是人的生理本能和社会本能，如衣、食、住、行，及有目的的定向条件反射等，是萌芽状态的需要
需要	是在意向的基础上产生的，具有社会历史性，它反映了随着社会的发展，人在物质和精神上的需求，随着需要的增长，出现了愿望
愿望	是需要的观念形态或思想形态，愿望向前延伸就产生了动机
动机	动机不是单一的，而是复杂的，意向活动此时对动机作出抉择，从而把愿望变成目的
目的	意志和目的相辅相成，互相促进，目的的实现离不开意志的作用，只有意志坚强的人才敢于追求价值较大而困难也较大的目的，丧失了意志力会一事无成

可见，出色的意志品质是激发创造性思维的重要因素，是维持创造性行为的"精神能量"，是任何有志于高效完成工作的人的必备素质。

其次，兴趣是激发创造性思维的"动力源"。人们对待感兴趣的事情，总会表现出旺盛的精力，总会让其为之乐而忘返、如痴如醉乃至废寝忘食。所以，持有兴趣的人总是被感兴趣的对象所深深吸引，去开拓、去创造，兴趣让他产生了极大的主动性和顽强性。

当然，兴趣也并非是天赋而来，而是可以经过后天的培养，只要你深入生活，参加实践，就能形成强烈而高尚的兴趣。

最后，积极而健康的情绪和情感也能够激发创造性思维活动的发生和进展，它们包括心境、激情、热情、友谊、信任等（见表 2-14）。

表 2-14　积极健康的情感、情绪

情绪、情感	说明
心境	可以持久地影响人的生活、学习和工作，良好的心境，比如心情舒畅、乐观豁达，可以调动人的积极性、主动性和创造性，从而提高学习和工作的效率
激情	能够激发人身心两方面的巨大潜力，调动体力和脑力，使人产生出创造性的冲动，并成为进行创造性思维和其他活动的强大动力
热情	热情表现在工作中，就是对事业的热爱。一个有事业心的人不仅热爱自己的工作，而且还热爱一切同自己工作有联系的其他工作及对自己的工作有帮助的人
竞争	可以培养人的个性心理品质，使人热情高涨，产生激情和进取心，能够考验人的意志，增强人的智力效能

一个不断迸发出创造性思维的人，必然是一个做事讲究方法，不断进取的人，他会利用一切时间改进一切不合理之处，并使之趋向合理而高效。为了达到这种状态，每天早上应该花 3 分钟来强化这方面的训练。

◎ 第一分钟：摆脱思维定式

思维定式是创造性思维的天敌，因此，你应该经常下意识地问问自己："我的思维模式是不是一种定式，是否可以跳出来呢？"这样想的时候，也许你可以感悟到自己的局限，并把思维带到另外的角度或方向，甚至可以天南海北自由驰骋，打破常规。

◎ 第二分钟：付诸实践

创造性思维的获取，多要经历实践的考验。因为很多时候，只有亲身经历一些事情，你才可能在某方面形成独到的见解。所以，有时候不一定要有成熟想法才去做，而应边做边发现，摸索前进。

◎ 第三分钟：不断累积

在工作和生活中，要学习做个有心人，不断地积累一些基本知识和资源，从而让自己成为某方面的专家，这些都是创造性思维的基础。

效率来源于改变，改变就需要打破陈规，跳出定式。

17. 积极高效倾听

倾听是我们人类一种非常重要的交流方式，更是口才能力重要的组成部分。根据研究发现，在人的一天当中，有40%的时间是在进行倾听，而且社会学专家还指出，在人们的日常语言交往活动中，也就是听说读写中，听的时间大约占了45%，而说的时间大约是30%，读的时间大约是16%，剩下9%的时间就是写的时间了（图2-13）。所以我们从这个数据当中也能够看出来，倾听在一个人的日常交流中是多么重要。

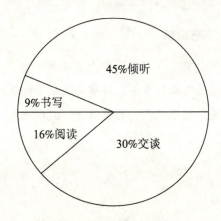

图 2-13　倾听的重要性图示

就拿记者来说吧，记者在进行采访之前，肯定要设计一些采访的提纲，但是回答者是不会受到记者采访提纲限制的。有的时候采访者往往可以引导被采访者向着自己设计的思路阐述，但是这种引导肯定不是生拉硬拽，更不能是进行强迫，而是应该采用一种自然的过渡方式。而要想做到这么巧妙的过度有一个非常重要的前提，就是要学会倾听，我们只有懂得倾听，才能够抓住对方谈话中的信息，从而能够顺势而为，进行巧妙的嫁接。

第一，倾听所表现出来的是对别人的一种恭敬，一种尊重，更多的是一份理解。一个人愿意听别人的看法，这会让说话的人觉得我们非常尊重他的意见，也有利于建立融洽的关系，从而能够更好地沟通。

第二，如果我们能够让对方先开口说话，就可以避免产生我们与对方竞争的嫌疑。倾听有的时候可以培养良好的开放气氛。因为说话的人不必担心会遇到别人与自己竞争，所以就可以专心致志地来讲。

第三，如果当对方提出了自己的看法，而你就有机会在此表达自己的观点，从而找到你们两个人观点中的一致性内容。倾听也可以让对方更加愿意接受你的意见，而这个时候你再说话，就会更容易说服对方了。

记得几年前有一位采访了世界上许多知名人士的一位记者说过，许多人给别人留下的印象总是不好的，原因就在于他们总是不注意听别人讲话。他们有的时候太过在意或者是太过考虑自己下一句应该说什么，而不是打开自己的耳朵，而世界上能够成功的很多大人物告诉我们，他们是喜欢听别人讲话的，有的时候他们的善听能力，甚至比任何能力都要强。

第四，避免打断别人的谈话。也许当别人进行谈话的时候，刚开始还没有进入谈话的实质内容，这个时候你也不要着急去打断对方，多耐心地去听听，给对方理清思路、组织语言的时间，这样才能够赢得对方的好感。千万不要对方还没有说完，你就打断对方的讲话，妄自作出结论。你首先应该努力去弄清楚对方的真实意思，能够很好地把握住对方谈话的实质。如果我们经常打断别人的说话，往往就表示我们不善于听别人讲话，甚至是很难与别人沟通的。

当然了，还有一种情况是比较特殊的，那就是我们经常说的"乒乓效应"，什么叫"乒乓效益"呢？就是指听人说话的人总是会在恰当的时候提出许多能够抓住问题关键的意见或者是一些感想，从而来响应对方的说法。还有就是我们一旦漏听了一些地方，或者是有听不懂的地方，我们就要等对方的讲话告一段落的时候，才能够提出自己心中的疑问。

第五，注意抓住对方话语中的关键词。关键词，就是指描绘具体事物

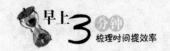

的一些关键字眼，而且这些字眼往往能够流露出很多重要的信息，同时也能够显示对方的兴趣和情绪。我们通过关键词，就可以看出对方喜欢的话题，以及对对方说话者的一种信任。当然，我们如果能够很好地找出对方说话中的关键词，就可以帮助我们来判定对方的说法是否正确。也只有在我们提出自己感兴趣的问题或者想法的时候，并且能够加入到对方的关键内容中去，对方才会感觉到你是关心和在乎他的谈话的。

第六，要抓住对方的中心思想。一般性的谈话，说话的人为了能够使听众不会感到枯燥，他们往往说得都比较动听，甚至有美感，而这就需要对自己的语言进行一个很好的修饰，所以有的话我们听起来不是那么直截了当，其实这些都是很正常的现象。所以，我们不要被这些个别的枝节分散了注意力，而忽略掉了对方谈话的实质。

其实除了上面我们自身要做到的一些要求之外，还有就是我们要明白客观环境对倾听也是会有影响的，下面让我们来具体看一看环境类型特征与倾听障碍的表（表2-15）。

表2-15　环境类型特征与倾听障碍

环境类型	封闭性	氛围	相互关系	主要障碍问题
办公室	封闭	严肃认真	一对一，一对多	不平等造成的心理负担，以及别人的干扰等
会议室	一般	严肃认真	一对多	对在场人员的考虑，以及时间问题等
工作现场	相对开放	可松可紧，认真	一对多	外界干扰，准备不充分等
谈判	封闭	紧张、高度集中	多对多	对抗心理
讨论会	封闭	轻松而友好	多对多，一对多	缺乏整理信息的能力，以及从大量信息中发现有价值信息的能力
非正式场合	开放	轻松，散漫	一对一，一对多	外界干扰，容易跑题

一个好的倾听者，就应该根据不同的客观环境，找出相应的应对策略，从而让自己做到有效倾听，积极倾听。为此，每天早上应花费3分钟，来提高自己的倾听能力。

◎ 第一分钟：放松听、耐心听

当别人说话时，你要身心放松，并保持头脑清醒，以便清楚地听到别人的每一句话。另外，在刚开始听到时，不要忙于下结论，对他人形成思维定式，否则你会错过其他更重要的内容。

◎ 第二分钟：不带感情色彩

有时候听不下去，是因为从主观上流露出了对别人的厌恶，如因为不喜欢一个人的外貌、声音或者整体形象，就不听他说话，当别人的观点与你的一贯想法不一致时，就会产生抵触情绪等。因此，无论如何，都要摒弃个人感情色彩，耐心地听下去。

◎ 第三分钟：随时记录

把听到的重要内容随时记下，以便之后查阅、整理。此外，这样做也是对别人的一种尊重，表示你对他的谈话十分看重。这就给他一个积极的信号，他就会说出更多你想要的信息。

倾听是一种能力，如果你相信这一点，就要不断地去训练它。

18. 快速摄取信息

这里所说的信息是指，一切有利于提高工作效率的知识，它可以是多种多样的。常见的信息可以分为四种形态，包括数据、文本、声音、图像。不过，这四种形态的信息很多时候都是可以相互转化的，例如，照片被传送到计算机，就把图像转化成了数字。

此外，根据不同的标准，又可以将这四种不同形态的信息划分为若干种类，如表 2-16 所示。

表 2-16　信息的划分类型

划分依据	类型	划分依据	类型
按照其重要性程度	● 战略信息 ● 战术信息 ● 作业信息	按照其应用领域	● 管理信息 ● 社会信息 ● 科技信息 ● 军事信息
按照信息的加工顺序	● 一次信息 ● 二次信息 ● 三次信息	按照信息的反映形式	● 数字信息 ● 图像信息 ● 声音信息
按性质划分	● 定性信息 ● 定量信息	—	—

清楚了信息的形态和种类之后，就需要知道如何去获取大量的资料和信息。由于信息的多样性和来源的广泛性，客观上给信息获取增加了难度，为此，需要掌握一个合理的获取信息的流程（图 2-14）。

除了这些通用的信息获取方法和途径之外，能否掌握大量的、有用的知识和信息，还取决于个人的修为和能力，如一个人需要具有良好的知识结构体系，需要有出色的学习能力等。因此，应该通过早上 3 分钟，努力提高自身对信息的把握和洞悉能力。

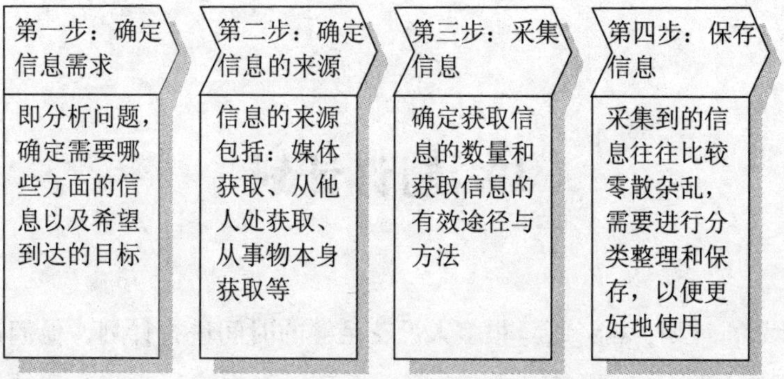

第一步：确定信息需求	第二步：确定信息的来源	第三步：采集信息	第四步：保存信息
即分析问题，确定需要哪些方面的信息以及希望到达的目标	信息的来源包括：媒体获取、从他人处获取、从事物本身获取等	确定获取信息的数量和获取信息的有效途径与方法	采集到的信息往往比较零散杂乱，需要进行分类整理和保存，以便更好地使用

图 2-14　获取信息的流程示意图

◎ 第一分钟：眼光

信息时代到处都不乏信息的存在，关键是要有洞察有效信息的眼光，这样才能既节省时间，又节约资源。首先你要筛选出对你有用的信息，以便集中精力。你需要确定哪些信息是有效的，是不得不关注的。不同的人群、处在不同的发展阶段、面临不同的问题，答案也不同。

◎ 第二分钟：渠道

即你要清楚哪里能够找到你所需要的信息，这一方面要求你对信息的来源有所把握，另一方面要求你平时要多浏览网络相关资源，以便获得最有效的信息平台。

◎ 第三分钟：分析力

即你要知道这些信息对你意味着什么，这也是在为利用信息做铺垫，因为大量的信息闲置并不会产生效率，只有当它们作用于具体工作中时，才是有价值的，也是快速获取信息的最终目的。

信息瞬息万变，能否抓住对你有效的信息，并将其应用到实际工作中去，是提高效率的关键所在。

19. 制订计划

计划，计划，再计划。很多人没花足够的时间进行计划，他们通常都赶着"救火"，这种状态容易带来恶性循环。你应该每天花几分钟对当天的工作进行计划，每月、每周的计划也同样重要。

关于计划，时间管理的重点是待办单、日计划、周计划、月计划。所谓待办单是指，将你每日要做的一些工作事先列出一份清单，并排出优先次序，确认完成时间，以突出工作重点，避免遗忘，如果有未完事项，就留待明日继续完成（见表2-17）。

表 2-17　工作待办单

工作类型	优先顺序	额定时间	未完成原因分析
计划中工作			
非日常性工作			
特殊事宜			
前日未完成事项			

可以说，计划就是连结目标与目标之间的桥梁，也是连结目标和行动的桥梁。没有计划，实现目标就会变成一句空话。计划对于人生来说相当重要，如果你疏于计划，那基本上成功就不会与你沾边，因为没有计划的工作和生活是杂乱无章的，看似忙碌却是毫无成效，只是将大量的时间浪费在了混乱的格局当中。

下面就来看一下，如何订立计划？

具体而言，订立计划需要经历五个步骤（图2-15）。

俗话说，一日之计在于晨，即你每一天的行动都应该在早上就已经计划好。你要养成一个很好的习惯，每一天早上工作之前，必须要习惯性地

第一步	确定工作方针、工作任务、工作要求，再据此确定工作方法、措施，和步骤
第二步	根据工作中可能出现的偏差、缺点、障碍、困难，确定克服的办法和措施，以免发生问题时，工作陷入被动
第三步	根据工作任务的需要，组织并分配力量、资源，明确分工
第四步	计划草案制订后，应进行反复讨论和论证
第五步	在实践中进一步修订、补充和完善计划

图 2-15　制订计划的流程

安排你当天的工作。如果你能够养成一个很好的习惯，相信你就能找到成就感。为此，每天早上需要花 3 分钟在计划的订立上下工夫。

◎ **第一分钟：懂得计划是分配时间**

时间对于每个人来说都是有限的，谁都无法在同一时间内做无限多的事情。因此，懂得如何珍惜时间，合理地利用时间，分配好时间就尤为重要。

◎ **第二分钟：清楚计划是决定顺序**

做事情一定要有顺序，常常会遇到同时有很多事情需要处理的情况，这时候就要决定优先顺序。排序要按照事情的轻重缓急进行，先做重要的事，再做要紧的事，最后做无关紧要的事。

◎ **第三分钟：计划是预测未来**

计划要有未来性，制订计划的时候，一方面要考虑实际状况；另一方面要预测未来的变化。

计划就像你事业的"未来远景图"，是一份丰富的个人报告书。它表明你希望实现的目标，绝非好高骛远。它需要一个理智的、循序渐进的方法作为基础。

20. 改掉陋习

陋习就是那些造成你浪费时间的习惯。经过总结后发现，它们包括以下七个方面，如表 2-18 所示，其中给出了一些改进的建议。

表 2-18　改掉陋习的建议

七大陋习	改进建议
缺席	与缺席相对的就是出席，就如伍迪·艾伦曾说的："百分之八十的成功来自于出席。"换言之，更多地出席是保证更多成功所做的最大也是最简单的事情之一，比如按时工作，按时去健身，按时去会友等
拖拉	● 在一天的开始就完成那些最艰难、最重要的工作，这让你都保持高昂的情绪和积极的动力，从而断了拖拉的念头 ● 一项工作分为若干可付诸行动的小步骤，然后再一步步地完成 ● 多给自己一些正面的信息，如立即行动就能使我受益等
做一些无关紧要的事情	克服这一陋习的最好办法就是，找出那些对你而言最为重要的工作，因为你之所以沉湎于无关紧要的事情，是因为你不知道重点在哪里
多虑	改多虑少行动为少虑而多行动，凡事不能想太多，只有做了才知道到底行不行
消极	不找借口，不抱怨，认识到你的消极思考并不是这个世界的真实写照，然后不妨尝试一些其他的角度
固执己见，与世隔绝	● 敞开心胸，开阔视野，从他人和自己的错误中吸取教训 ● 从书籍等资源中获取有益知识 ● 不要迷信，也不要盲目追求新的信息，通过在行动中运用那些新信息，然后加以尝试
持续信息过剩	更加有选择性地吸取信息，并根据需要删除那些无益的、多余的信息，集中精力获取那些具有实际指导意义的信息

以上这七种习惯很多时候都会存在于你身上，为了能够很好地克服它们，就像你每天早晨打扫卫生一样，早上 3 分钟对它们进行一次"大扫除"。

◎ **第一分钟：自我激励**

每天起床后进行自我暗示："我要用微笑去迎接新的一天，用激情去做好每一件事，今天我绝不偷懒，绝不拖拉，绝不浪费时间。相信明天我一定会离成功更近一步。"

◎ **第二分钟：积极效果**

即每天早晨问自己："改变能给我什么？"要想彻底改掉陋习需要很强的动力，而唤醒你渴望改变的最好办法是，设想一个画面，它包含改变给你的生活带来的所有积极效果。

◎ **第三分钟：及时补空**

改掉一个坏习惯，必然会在你的身边出现一个空位子，这时就要及时用一个好习惯来代替它。否则，坏习惯仍然有卷土重来的可能。

坏习惯就像"小偷"，它偷走了你最宝贵的财富——时间。因此，一定要将它彻底摒弃，否则你就会变成一个真正的"穷光蛋"。

21. 团队合作

团队合作是一种为达到既定目标所显现出来的，自愿合作和协同努力的精神，它可以调动团队成员的所有资源和才智。正所谓"三个臭皮匠赛过一个诸葛亮""众人拾柴火焰高""一箭易断，十箭难折"……在日常生活中，团队合作的重要性一目了然（见表2-19）。

表 2-19　团队合作的重要性

重要性	说明
打造归属感	由于团队具有目标一致性，从而产生了一种整体的归属感，正是这种归属感激发了每个人强烈的工作动机，对目标贡献的积极性也就随之而生，从而使得工作效率比个人单独时要高
激发学习动力	每个人都有不服输的心理，为了与团队最优秀的成员看齐，人们就会以此为目标积极地学习
互相取长补短	人无完人，一个人的力量有限，一个人单打独斗难以把全部事情都做尽、做全、做大。多人分工合作就会有"人多力量大"的优势，就可以把团队的整体目标分割成许多小目标，然后再分配给团队的成员去一起完成，这样就可以缩短完成大目标的时间，从而提高效率
集思广益	团队中每个人都有自己独创的想法，团队成员的多元化有助于产生不同想法，从而在决策的时候可以集思广益，从而形成最为合理的方案

既然团队合作如此重要，对提高效率也有如此之多的好处，那么，如何才能促成团队的高效协作呢？如图 2-16 所示。

首先，建立信任机制。信任是对他人的言词、行为、承诺的可靠性的肯定，相信合作的另一方会自觉做出对自己有利的事情，而不会利用合作伙伴的弱点去获取利益。这种信任是建立在对他人能力的信任或人品的信任的基础上，体现了合作的一方对另一方的可靠性、诚实度有足够的信心。信任意味着不觉得彼此之间存在威胁，而是觉得自在，受到团队的尊重和重视。

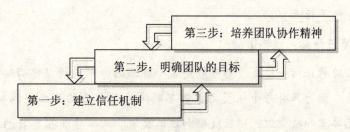

图2-16 促成团队合作的机制

其次，明确团队的目标。团队本身就是基于一定的共同目标而组建起来的，因此目标是团队存在的理由，也是团队运作的核心动力。没有目标的团队只能走一步看一步，处于投机和侥幸的不确定状态中。因为一个明确的目标为团队指定了努力的方向，在目标的指引下，团队成员拧成一股绳，劲儿往一处使，不断朝着既定的方向前进。

最后，培养团队协作精神。团队合作是一种为达到既定目标所显现出来的自愿合作和协同努力的精神。它可以调动团队成员的所有资源和才智，并且会自动地驱除所有不和谐和不公正现象，同时会给予那些诚心、大公无私的奉献者适当的回报。如果团队合作是出于自觉自愿时，它必将会产生一股强大而且持久的力量。

团队合作精神具体表现为：团队成员间相互依存、同舟共济；彼此宽容、尊重个性的差异；待人真诚、遵守承诺；相互帮助、互相关怀，大家彼此共同提高；利益和成就共享、责任共担。

作为团队中的一员，应该积极地提高团队合作能力，从而使整个团队变成高效的整体。为此，每天早上你应该花3分钟来做一下这些事情。

◎ **第一分钟：发现优点**

团队是由几个截然不同的个体所构成的，每个人在进入团队之前就形成了自己鲜明的个性和优点。因此，你应该积极地发现团队成员的优秀品质，并且学习它和发扬它，在团队合作中逐渐改正自己的缺点。

◎ **第二分钟：寄予鼓励**

每个人都有被人重视的需求，有时一句小小的鼓励和赞许就可以让人

释放出无限的工作热情。最关键的是，当你对他们进行鼓励的同时，他们也同样会给予你希望。

◎ 第三分钟：足够谦虚

团队中的任何一位成员都可能是某个领域的专家，所以你必须保持足够的谦虚。因为只有每个队员都能够不断地释放自己的潜在才能和技巧，能够相互尊重和被重识，相互鼓励和坦诚交流，大家才能在各自的岗位上找到最佳的协作方式，为团队共同的目标，自觉地担负起各自的责任并为此积极奉献。

凝聚产生力量，力量利于执行，执行提升效率。

第三章

立即改变

1. 清洁办公室

清洁的意义除了营造一个干净、舒适的办公环境外，最主要的是为了调整办公室现有的不合理状态，以便使其变得更加有条理。估计很多人都有这样的感觉：在自己的办公室，基本上不能在很短的时间内找到想要的物品，更别说其他人在你的办公区域，能快速地找到他们需要的物品。

为了改变这种情况，必须对办公室进行彻底的清洁，以达到提高办公效率的目的。在此过程中，必须使用一个很好的管理工具对办公室进行清洁——"5S 管理"，其目标就是去除所有多余的物品，设立举手可得的摆放模式，创建可视化且能高效办公的工作环境。

所谓"5S"管理，其实际上是来源于日本的一种比较优秀的管理方法，它的思路非常简便高效，倡导从小事做起，力求使每个人都养成事事"讲究效率"的习惯，从而达到提高整体工作效率的目的（图3-1）。

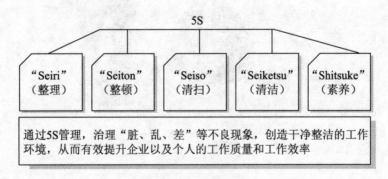

图 3-1　5S 管理模型图

第一，整理（Seiri）。整理（Seiri）的目标就是，把办公室内的物品分为需要的和不需要的，把需要的和不需要的物品明确分开，并处理掉不需要的物品。例如，办公场所的电脑、电话、各类文件资料、各种办公用品，以及一些私人用品等，这些东西如果整理不当，再宽敞的办公环境也会显得局促。这会导致寻找资料、物品不方便，浪费时间。因此，整理的核心就是，每类东西只保留一样，其他的一律清除，或处理掉，或规范收存。

第二，整顿（Seiton）。整顿（Seiton）的目标是，在整理之后，按照使用频率，将留下的必需物品分门别类，规范放置，规范保管。例如，哪些该放近些，哪些可以放远些，哪些是经常需要的，目标就是要保证在最快的时间之内取得所需之物，通过最简单的流程完成工作，从而在合理利用空间的同时，节约时间，提高工作效率。

第三，清扫（Seiso）。清扫（Seiso）的目标是，把工作场所清扫干净，保证工作场所干净、整洁。例如，每天利用上班前十分钟，清扫自己的办公区域，然后整理需要的文件资料、办公用品，以到达美化环境，愉悦心情的效果。

第四，清洁（Seiketsu）。清洁（Seiketsu）的目标是，维持上面的"3S"状态，并将这些过程制度化、规范化，严格执行，定期检查。例如，上班前穿戴整洁进入办公室，清理办公场所舒心工作，下班后，梳理一天的工作内容，有用的资料和没用的资料，需要保留的和不需要保留的，整顿一番，并然有序地处理，轻松面对第二天的工作任务。

第五，素养（Shitsuke）。素养（Shitsuke）是"5S"最核心、最关键的一步，旨在提高每个人的工作素质，从而养成良好的职业习惯，全面提高个人的文明礼貌，以及按规定办事的水准。

通过运用"5S"的管理方法对办公室进行彻底的清洁，使得工作质量和效率大大提升，在节约工作时间的同时，还能让办公室氛围和谐、融洽。为了更好地实施办公室清洁工作，可以通过每日督导、检查，来将其进行到底。可以建立办公室"5S"活动检查表来记录分数及检查结果（表3-1）。

表 3-1 办公室 "5S" 活动检查表

活动	检查内容	配分	得分	待提高事项
整理	是否定期实施红牌作战（清除不必要物品）	5		
	有无档案规定，并被清楚了解	4		
	桌子、文件架是否为必要的最低限度	3		
	是否有 "没有必要的隔间" 影响现场视野	3		
	桌子、文件架、通路是否有划分间隔	2		
	小计	17		
整顿	建档规定是否确实执行	4		
	文件等是否有实施性定位化（颜色、斜线）	3		
	需要的文件、碟片、软件能否马上取出	5		
	书柜、书架是否有管理责任者	2		
	购置品有无规定放置处，并做补充规定	4		
	小计	18		
清扫	地面上、桌面上是否杂乱	4		
	垃圾桶是否积得满满的	3		
	管路、配线是否杂乱	4		
	供应开水处有无管理者标识	3		
	墙壁、玻璃是否保持干净	2		
	小计	16		
清洁	办公设备是否保持干净	4		
	抽屉内是否杂乱	2		
	私人物品有无依规定放置	3		
	下班时桌面上是否整齐	5		
	门窗、天花板、玻璃、墙壁是否有灰尘	3		
	小计	17		
素养	是否遵照规定穿着服装	5		
	待人接物是否热情，用语是否礼貌	4		
	接电话人不在，是否留有备忘记录	4		
	有无文件分发及传阅规则	4		
	晨操是否积极参加	3		
	小计	20		
点评				

为此，每天早晨来到办公室后，不妨花 3 分钟来关注一下办公室清洁工作。

◎ 第一分钟：检查

看自己的办公区域是否符合 "5S" 管理的标准，如出现脏、乱、差等现象，应立即进行改进和提高。

◎ 第二分钟：参与

有些人以为清洁工作仅仅是清洁工的事情，实际上，他们做的只是大环境的改善，具体有助于提升工作效率的事情，还需要个人进行。例如，如何摆放自己的办公用品等，只有你自己才清楚怎样最合理。

◎ 第三分钟：改善

在做完基本的清洁工作之后，与 "5S" 活动检查表进行对照，看自己是否达标，如果不合格，就要继续改善。

2. 文件归档

很多时候，在你的工作中肯定出现过类似的情形：领导站在你的面前让你马上提交文件时，你却发现它不见了；或者是为了找到需要的报告不得不让在电话另一端的客户等上好几分钟。如果你有过这样的经历的话，你就会体会到，尽管你平日里工作有条不紊，深受领导和客户的赞许，可就因为这个关键时刻的失误，而让他们倍感失望。

可以想象，如果总是将时间花费在寻找这些需要的文件上时，就会造成其他重要工作的时间被挤压，工作的成效就会降低。无论如何，让文件轻松地被找到，是一件十分重要的工作。那么，如何才能解决这个看似简单的"难题"呢？

这就涉及一个概念，即"文件归档"，它是将已经形成的、办理完毕、应作为文书档案保存的各种纸质文件材料，遵循文件的形成规律，保持文件之间的有机联系，并区分不同价值，进行整理、保持的一项工作。

文件归档至少有三个突出的作用。

首先，节约时间。通过将文件进行有效归档，可以让你快速地找到所需要的文件资料，从而节省大量不必要的寻找时间。

其次，有效地管理信息。可以让堆积如山的文件各归其位，并很容易将那些重要的资料和信息保存下来。

最后，高效地管理文件。管理你电脑里的文件跟管理纸质文件的方式差不多。它的要点是：把文件装进分类的文件夹里，并且尽量以一种自己能明白的顺序。

那么，如何才能顺利的完成文件归档的工作呢？文件归档程序和技巧，见表3-2。

表 3-2　文件归档程序和技巧

序号	归档步骤	工作内容	标准要求
1	归档鉴定	认真清理收集，区分归档文件和不归档文件，对不归档文件适当处理，如清退或者销毁等	齐全、完整
2	文件分类	一般按照文件的保管期限来进行分类，如分为永久保存文件、短期保存文件、临时保存文件	分类清楚、相对稳定
3	按件装订	● 修整：以"件"为单位，即以每份文件为一件，文件正本与定稿为一件，正文与附件为一件，原件与复制件为一件，转发件与被转发件为一件，报表、名册、图册等一册（本）为一件，来文与复文为一件，正文与文件处理单、拟办单、发文稿头纸、领导的签批条等为一件。"件"确定后，再对每件检查，不合乎要求的要进行修裱复制、折叠、去钉等 ● 装订："三孔一线"左侧装订，将文件的左、下侧对齐 ● 短期卷可以不拆除易腐性金属物、不装订	整齐美观
4	合理排列	● 在最低一级类目内，把同一事由的相关文件排列在一起。同一事由是指一件具体的事、一个具体的工作、一次会议、一项工程、一个事件、一次事故、一次纠纷、一个案件等。同一事由的文件先分级别（降序），再分时间（升序） ● 不同事由的文件排列时，可按"相近的靠拢、不同的分开"的方法，按时间的先后顺序、事件的重要程度及具有的共同属性等分别集中排列	既要照顾事由，又不能唯事由而行
5	盖章编号	● 编号项目确定以后，要以归档章的形式逐件标识在每一件归档文件上。归档章应盖在归档文件首页上端居右的空白位置，如果有领导批示或收文章等占用了上述位置可将归档章盖在首页上方其他位置 ● 在编写室编件号时，在分类方案的最低一层即同一保管期限内同一年度的文件从"001"开始编写流水号，市委办公室、市政府办公室同一保管期限内同一年度同一个问题的文件从"001"开始编写流水号，用耐久字迹填写材料	逐件编号，不漏项、不重号、填写无误
6	有序装盒	● 同一类别的档案根据数量多少，可装一盒或几盒 ● 不同类别的档案不能装入一盒内 ● 不同形成年度的归档文件不应放入同一个盒内 ● 不同保管期限不能混装 盒号应按同一保管期限编一个流水号，如 2008 年永久、30 年、10 年档案分别从 1 开始，在编写下一年度档案时顺延，年度之间不断开	盒脊、封面和备考表填写完整仔细，盒的厚度适宜

序号	归档步骤	工作内容	标准要求
7	编制目录	● 按照分类结果，逐类、逐件编制目录，目录所包括的页数项填写一件文件的总页数 ● 填编写日期时（即文件的落款日期），应以8位阿拉伯数字标注，如20080127，考证的时间加［ ］ ● 目录肩部加注期限、盒号，目录以盒为单位断开，但件号顺延 ● 在打印归档文件目录时，一式三份，一份放入盒内，一份装订成册供查阅利用，另一份备用	认真细致，力求全面准确，保持一致

不论是哪一种文档归档方法，适合的最为重要，在某种程度上它取决于你工作的性质。所以，没有一个万能的方法去做归档，你也可以根据这些小建议定制出一套适合自己的系统。与其事后花费大量宝贵的时间来找东西，不如在事前花3分钟来确定适合自己的归档方法。

◎ 第一分钟：随办随归

这就要求你及时对已经处理完毕的文件进行归档，有时候人们总是认为这样做太过于烦琐，实际上这正是为了更好地利用时间，以免时间久了造成遗忘，从而使本来简单的工作变复杂。

◎ 第二分钟：委派专人管理

文件归档工作看似简单，实则比较复杂、烦琐，如果有条件，可以委派专人来替你完成文件归档工作，这样你就会省下更多的时间，去完成更重要的工作。

◎ 第三分钟：利用计算机管理

电脑在文件管理方面的优势十分明显，因此，不妨在利用传统方式管理文件的同时，引入微机管理，使得归档工作更高效。

花费宝贵的时间找东西实在是让工作变得很无趣，也会给你带来很多压力，因此适当地掌握一些文件归档整理的技巧，并将其应用于工作之中将使你工作和生活得更轻松。

3. 避免打断

很多时候，在办公室的人往往会遇到被打扰的事情，这些突然其来的人或事，会消耗掉很多宝贵时间。这不只是停顿下来本身费时，而是再重新工作时，你需要花时间调整大脑活动及注意力，然后才能在原先停顿的地方继续接着干下去。

据某权威机构调查发现：

"人们一般每8分钟会受到1次打扰，每小时大约7次，或者说每天50~60次。平均每次打扰大约5分钟，每天大约4小时，也就是大约50%的工作时间（按每日工作8小时计算），其中80%（约3小时）的打扰是没有意义的。同时人被打扰后重新回到原来的思路平均需要3分钟，总共每天约2.5小时。根据以上统计数据，可以发现，每天因打扰而产生的时间损失约为5.5小时，这占了工作时间的68.7%。"

这意味着，要想保证自己的工作节奏，并按照计划执行，提高工作效率，必须学会处理"打扰"。

首先，处理来自上司的打断。在工作中，很多时候最容易打断你的人，就是你的上司。这种打断不仅不能避免，而且是最难控制的，尤其是当你正在全心、尽力地处理一项紧急而重要的事情时。

为此，你可以这样做：在每日工作计划中设置灵活时间，当意外发生时，则安排此段时间来应付；当临时安排出现时，加快工作速度或延长工作时间，努力使自己完成预计的工作，以便不影响后面的工作安排。

其次，处理来自下属的打断。应付这类打断，千万不能用上司的权威硬性避免，这样虽然效果明显，但是不利于工作的开展，因为很多时候与下属进行沟通是保证工作高效完成的必要条件。因此，解决这类打断，最

好的办法就是每天安排某个时段作为互动时间（如早会后的一小时），当下属需要讨论事情时可以请他在此段时间过来，以减少突如其来的打扰。

最后，处理来自同事的打扰。在上司打扰的时候，你只能无奈地加以接受；而在下属打扰你的时候，你可以将他的打扰方式加以定型化。同事既不是发号施令者，也不是接受命令者，所以处理起来就要相对复杂一些。处理来自同事的打扰的方法，见表3-3。

表3-3　处理来自同事的打扰的方法

方法	说明
应事先达成共识	你应该力求对他们的要求保持热心、同情以及表现出随时愿意加以协助的态度，可是，你更应该让他们知道这么做往往会影响到你的工作效率
不要随意打扰对方	你可以从容地、预先地与同事联系你的要求、时间等，只有如此，你才有可能获得相同的回报

为了避免上述这些打断，除了要遵循上述建议外。还可以采取下面这些方法解决，这只需要你每天早上花三分钟就可以完成。

◎ **第一分钟：安排专人为你"挡驾"**

在你专心处理重要工作时，可以安排助理或者秘书"挡驾"。待工作处理妥当之后，再安排时间与来访者接洽。

◎ **第二分钟：学会在批量时间内工作**

如果你手头的工作需要高度集中精神，要学会在长达4~6小时的大段时间内工作。其原因与防止别人打断相同。因为这样你不必把时间耗费在重新集中精神上。

◎ **第三分钟：找个"世外桃源"**

这是避免被打断的最直接的方法，尽量在人少的地方来处理公务，或者坐在不容易被别人看到的位置。

不被打扰是不可能的，只要恰当地处理，这些是可以避免的。

110

4. 筛选信息

现代社会是一个信息大爆炸的社会，每天你会接收到大量来自四面八方的信息，这些信息有些是对你工作有益的，有些则毫无意义，更会给你的工作带来困扰。为此，有效筛选信息就显得尤为重要，这也是高效利用时间的重要一环。

那么，如何才能从浩瀚的信息海洋中筛选出对你的工作有所帮助的信息呢？

一般情况下，在信息筛选过程中，应遵循以下三个步骤。如图 3-2 所示。

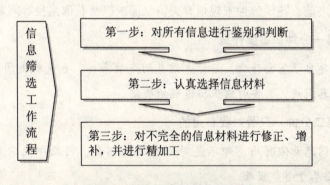

图 3-2　信息筛选工作流程图示

实际上，信息的筛选就是对原始信息资料进行选留的过程。对原始信息资料的选留一般分为两种：一是实用选留，这是根据当前的需要选留信息；二是入藏选留，这是作为日常的信息工作而进行的一般意义的选留。前者要求信息有深度，并适合当前需要；后者要求信息有广度，并具有长期利用价值。

因此，信息筛选既要考虑急用之需，选留含量大、有价值的信息，又

要从长远利益出发，考虑到信息的系统性和连续性以及未来的潜在需要，选取具有保存价值的信息。

信息筛选的方法也是多种多样，比较常见的有四种，见表3-4。

表3-4 信息筛选的方法

方法	说明
查重法	将重复的信息剔除掉，以减少信息工作环节的无效劳动。除非是比较重要的信息，否则一律删除
时序法	将同类信息的陈旧信息用新信息代替，这样可以使选留的信息在一定时间区间内更有价值
类比法	将同类型的信息进行比较，选择信息量大，且最能反映事物本质的信息留下来；反之，则剔除
专家评估法	有些专业性较强的信息，则需要借助相关专家进行取舍、评估，最后根据评估结果，结合你的需要综合考虑选留和剔除

信息筛选工作是一个常见的事务性工作，几乎每天都会涉及，你能做的除了在事后进行筛选、剔除外，事前的控制也十分重要。例如，在每天开始工作之前，花3分钟来规划有关信息需求以及获取途径等问题。

◎ 第一分钟：需要什么

弄清楚自己想要什么，是筛选信息的先决条件，也是解决问题的出发点。与信息周旋，需要时刻保持清醒的头脑。

◎ 第二分钟：只看对我有用的

有些信息看似有用，却不是对你有用的信息，因此即使它再"了不起"，也要尽量避免吸收。

◎ 第三分钟：避免主观喜好

只对自己喜好的信息感兴趣，是每个人在信息获取过程中的通病。实际上，选择信息应多以客观需求为目的，尽量把有特点、有代表性的东西选出来，而不单单是契合你"口味"的东西。

信息既要重视量的积累，也要重视质的水平，毕竟有用才是"王道"。

5. 与别人共事

在工作中，免不了要与形形色色的人共事，有时候还不得不与你不喜欢的人一起共事。那么，你该如何与他们一起工作呢？诚然，对于许多人来说，这是一个巨大的挑战，但这就是工作中的现实。无论你多么讨厌它，但其中的交互作用对完成工作都是至关重要的。

毕竟单打独斗的时代已经不再，如今是一个必须靠合作来做事的时代。在工作、生活、学习中难免要与人共事、合作，那么，如何才能与各类人士打交道并成功地交往呢？

每个人的性格都不一样，也经常会出现因性格不同而造成的冲突、矛盾，这时，任何试图去改变对方的做法都是不可取的，因为人的性格一旦形成，是很难改变的。最好的办法就是，改变自己的态度，想方设法去与不同性格的人相处。与不同性格的人共事的策略，见图3-3。

在与人共事的过程中，除了要了解对方的性格和处事风格外，最重要的还要不断提升自己的共事品质。所谓共事品质就是，做事过程中表现出来的稳定的特质，它是你面对一件事情时的一种主观态度。优秀的共事品质常常表现为：全力以赴、独立、有感染力、低调、能力、品位、爱心，以及忠诚。

一旦你具备了这些品质，就不怕没人愿意与你共事，也不用再担心无法与人融洽、高效地共事。为了让自己具备这些出色的共事品质，每天早上你还需花费3分钟来调整。

Ⅰ 如何与喜欢推卸责任的人共事	Ⅱ 如何与过于敏感的人共事
策略: ● 与其共事,必须目标明确,并将时间、内容等要求落实在纸上,作为证据 ● 坚持自己的意见,不为他所提出的借口动摇,必须让他在期限内完成 ● 除非必要,否则不轻易帮助他们解决问题,不让他们养成依赖别人的习惯	策略: ● 尽量避免在其他人面前对他们做出可能冒犯的评语,要批评也要在私底下讲 ● 指出问题或者错误时要就事论事,避免任何形式的人身攻击 ● 经常要指出他们的优点,以及表现出色的地方,以建立他们的自信心
Ⅲ 如何与喜欢抱怨的人共事	Ⅳ 如何与喜欢支配他人的人共事
策略: ● 做决定前,先征询他们的意见,争取让本人参与其中,这样就会少些抱怨 ● 最好实时问问他们有没有问题,如果他们说没有,以后就不会抱怨 ● 向他们征求解决的方法,将他们的注意力和精力引导到问题解决之上	策略: ● 了解他们对工作的要求水准,增加他们对你的信任感 ● 随时告知他们工作的进度与状况,必要时询问他们的意见,以让他们放心 ● 如果你不小心犯了错,就要及时得到他们的谅解和支持

图3-3 与四种不同性格的人共事的模型图示

◎ 第一分钟: 换位思考

一个能够站在对方角度上思考问题的人,才能赢得别人的信任和支持。在出现摩擦或者矛盾时,不妨多从对方的角度出发,了解"他是怎么想的"。

◎ 第二分钟: 热情

心理学家研究发现,与能力、忠诚等优秀品质相比,人们更愿意与极具热情的人打交道。因此,在与人共事的过程中,一定要充分地展示你热情的一面,积极给予对方帮助等。

◎ 第三分钟: 多想一步

做事要有预见性,凡事想在别人前面,做在别人前面,做对工作有所成效的推手,让大多数人乐于与你共事。

与人共事,不可能了解他的全部心思,你能掌握的是你自己的想法,因此,多去改变自己,不断提高与人共事的品质,从而达到预期的目的。

6. 打电话

电话被现代人公认为是便利的通信工具，然而便利之外同样隐藏着问题，过于频繁、长时间地打电话，又成了一件十分耗时的工作。问题是，这些电话并非都是对工作有帮助的，也并不是电话讲的时间越长，越有成效。

因此，如何提高打电话的效率，就成为每个人都需要掌握的一项技能。在此之前，一定要抱着这样的想法——"打电话并不是件容易的事情"。

以下是一些非常行之有效的打电话技巧，借此可以大大提高打电话的效能，有效地防止你进行没有必要的交谈，从而最大限度地为你节省时间（表3-5）。

表3-5　打电话的技巧

技巧关键词	操作说明
记录	在你的办公桌上，应经常放有打电话时记录用的纸和铅笔。一手拿话筒，一手拿笔，以便能随时记录通话的要点
自报姓名	电话接通后，第一时间就要报出自己的姓名，比如："您好！我是××××公司的××。请问您是××先生吗？"这点非常重要，可以避免不必要的猜测和解释
尊重	通话开始后，要询问对方是否方便通话，要尊重对方的时间，并给他们足够的时间作适当的调整
目的	立即向对方讲明自己打电话的目的，然后迅速转入正题
中断	最好不要在与人通话时，再与身边的人说话，让对方在电话那头等你
简洁	通话内容要简洁，不要在一些繁文缛节上浪费时间
简短	通话时间不宜过长，这样既浪费自己的时间，又容易引起对方的反感
留言	如果想留言请对方回电，最好将自己的号码和方便接听的时间说清楚，以免造成双方不必要的时间浪费
组织	在通话前，要将通话内容进行一次有效的组织，打好腹稿或者手稿，以免通话内容偏离主题，或者造成主要事项遗漏
专注	在通话时，一定要集中注意力，不东张西望，把玩桌上的东西，表现出心不在焉的样子，这容易影响通话的效果

续表

技巧关键词	操作说明
措辞	通话时的措辞及语法都要切合身份，不可太随便，也不可太生硬
总结	在结束通话时，要对所谈过的问题适当总结一下，并表示谢意

每次在决定拿起话筒时，不妨回忆一下这些关键词，高效的通话，避免造成时间浪费。然后，每天早上再花 3 分钟，了解一下打电话时的三个禁忌。

◎ **第一分钟：忌张冠李戴**

要清楚地知道通话对象是谁，不要本来是给张三打电话，却叫着李四的名字，这样的电话不仅没有效果，还会造成对方的反感。

◎ **第二分钟：忌用语不当**

打电话时虽然不能看到对方的形象，但是也要表现得礼貌、谦逊，忌不文明用语以及自高自大、口齿不清、拖拖拉拉。

◎ **第三分钟：忌不懂掌握时间**

不要在对方即将下班时打电话，非上班时间就更不要打电话。另外，一次通话时间不能太长，争取用最短的时间将来意表达清楚，这也是你做事高效的证明。

电话谁都会打，但是要打好电话却不容易。

7. 接电话

不要以为接电话无所谓，实际上里面的学问非常多。比如，你知道为什么一定要等电话响两声之后再接吗？当然不是为了故意摆架子，而是要让自己有时间平静情绪，在你不知道来电人是谁、来电内容是什么之前，不要将你的情绪带给将要和你通话的那个人，哪怕你此刻是欢快的，你怎么知道对方一定就希望听到你欢天喜地的声音呢？

这只是接电话的学问之一，电话的普及率越来越高，人离不开电话，每天要接大量的电话。看起来接电话很容易，对着话筒同对方交谈，觉得和当面交谈一样简单，其实不然，接电话大有讲究，可以说是一门学问、一门艺术，可参照表3-6所列出的步骤进行。

表 3-6　接电话的步骤

阶段	操作要点
接电话前	● 准备：笔和纸，以便记录对方的留言，或者一些重要的信息 ● 停止：放下原来正在从事的工作，或者一些不必要的动作，以免对方觉得你不够有诚意，或者不礼貌 ● 姿势：以防止电话从你手中滑落，掉在地上发出刺耳的声音，会令对方不悦 ● 微笑：即使没有见面，通过声音也是能够感到你的热情
接听过程中	● 接通：必须在三声之内接起电话，并且： 　①接听电话的语调要热情、亲切 　②语速适中，不可过快，也不可过慢 　③措辞要缓和，不使用任何不礼貌的语言 　④避免嘈杂，维护一个安静的通话环境 　⑤通话模糊时，要及时确认原因 　⑥态度要和善 　⑦及时给予对方回应，表示你在听他说 ● 主动问候，报出自己的姓名 ● 若不清楚来电人是谁时，不要唐突地问"你是谁"，可以说"请问您哪位"或者可以礼貌地问，"对不起，可以知道应如何称呼您吗？"

续表

阶段	操作要点
接听过程中	● 须搁置电话或让宾客等待时，应给予说明，并致歉。每过20秒留意一下对方，向对方了解是否愿意等下去 ● 转接电话要迅速 ● 对方需要帮助，要尽力而为： ①问候 ②道歉 ③留言 ④转告 ⑤马上帮忙 ⑥转接电话 ⑦直接回答（解决问题） ⑧回电话 ● 感谢对方来电，并礼貌地结束电话 ● 要经常称呼对方的名字，以示尊重

以上是常规的接电话步骤，以及应该采取的一些基本措施。为了让接电话更有成效，你每天早上还要花3分钟在礼仪方面进行修炼。

◎ 第一分钟：及时接通

电话铃声一响，应尽快去接，最好不要让电话铃声超过5声。

◎ 第二分钟：友好

例如，当接到打错的电话时，应该说：“这是××公司，电话是×××××××，您是不是打错了?”，而不应该说：“您打错了”，就“啪”的一声挂上电话。

◎ 第三分钟：礼貌挂断

交谈完毕，应尽量让对方先结束对话，若确需自己来结束对话的，如手边刚好有急事要处理或有客人正等着，则向对方解释、致歉。通话结束后，应等对方放下话筒后，再轻轻放下话筒，以示尊重。

接电话是小事，但是做好了就可以变成“大事”。

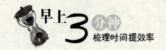

8. 公文写作

在工作中，掌握一定的公文写作知识，也是商务人士必须具备的基本能力，良好的公文写作习惯能给人留下良好的印象。在工作当中，同客户或者上级的第一次接触可能就是通过公文开始的。上级第一次接触你，可能就是你的报告，也可能就是你的总结；客户看到的商务写作可能是一份产品介绍使用说明。

可以说，公文是工作中必不可少的一种沟通方式，借助公文的形式，你可以向其他人传递准确、必要的信息。

首先，了解读者的基本情况。写好公文的前提就是，要了解"读者"——同事、上司、下属、客户等，了解的内容包括：他们需要哪些信息，以及他们个人的喜好、水准等。分成三个层次：

（1）基本情况，包括读者的年龄、教育背景、从业经验、性别和宗教信仰等基本情况。

（2）价值观，包括读者的个人兴趣、观点、态度和价值取向等。

（3）对某个话题的了解程度，即读者对要传递的商务信息的了解程度。

其次，公文写作的步骤。

（1）计划，先列一个提纲。

（2）成文。

（3）修改。

（4）编辑，排版。

最后，确定公文的内容。这是公文写作的核心，也是最为重要的一个环节。需要解决的问题为：内容如何表达？需要注意什么？

（1）语言力求清晰、简单、直白，尽量避免陈词滥调。有人曾说："语言的力量在于表达而不在于炫耀。"因此，在使用语言的时候要尽量使用正式语言，不要采用非正式语言。公文写作和文学作品的写作不同，文学作品表现的是一种意境，它强调的是意味绵长；公文则要求简单直白，不要华丽的辞藻，且语义要清楚，不能让人产生歧义。

（2）尽量运用积极乐观的语气，让人读后倍感清新、有力量。

（3）应用主动语态，而不是被动语态。例如，主动语态："我保证按时完成任务"；被动语态："任务还是能够按时完成"。

公文写作也是一个人工作能力的重要构成要素，是衡量评价员工任职能力的重要尺度之一，也是管理者不可忽视的基本功，掌握公文写作的基本原则、格式、技巧及写作规范等，尤为重要。

因此，为了不断地提高你的公文写作水平，可以每天早上花3分钟来进行一些简单的训练和提高。

◎ 第一分钟：广泛阅读

俗话说，读书破万卷，下笔如有神。通过广泛阅读，可以让你博采众长，多方面地学习、借鉴别人的写作方法和技巧。同时，也可以通过学习和借鉴一些优秀稿件在逻辑结构、语言文字、理论素养等方面的长处和经验，来快速提高自己的行文能力。

◎ 第二分钟：开阔视野

除了在办公室读书、看报、上网学习积累外，还可以通过走出去，深入工作实践当中来汲取写作素材，这也是一种锻炼和提高写作能力的途径。

◎ 第三分钟：勤于练笔

多写是提高公文写作水平最关键的一环，通过实践体验逐渐摸索出方法，开辟出写好公文的路径。

公文是商务沟通的重要渠道之一，写好公文对提高沟通水平，改善工作执行效率有切实的作用。

9. 巧用电子邮件

电子邮件又称"伊妹儿"（E-mail），是现代办公应用中必不可少的一种交流方式。电子邮件是一种信息的载体，通过网络在网上传递信息，比普通的信件快捷、方便、廉价，且传递的内容更丰富，既可是文字，也可是图片等，并可以同时发送给多个人。

电子邮件的使用，大大提高了办公速度与效率，使人与人之间的沟通变得更高效。为此，首先来了解一下正确书写电子邮件的格式（图3-4）。

标准电子邮件的书写格式

● 收件人

　仔细确认收件人的地址是否正确，以免错发邮件

　Cc（抄送）人数降到最低，避免造成不必要的垃圾邮件

　Cc（抄送）功能：让相关人员参考，如部门的其他人员；让相关人员知晓，如你的上司等

● 主题

　邮件必须有一个主题，它是邮件的"身份标识"，就如同人的姓名一样

　主题要具有概括性、简单，使收件人一看到主题就知道邮件的内容，主题字数有所限制，一般提示为35字以内

● 正文

　正文内容要符合简洁、美观、易懂的要求，具体包括以下内容：

　称谓+礼貌用语，如：××（名字、职位或是尊称等），您好！

　字体：一般选择宋体、黑体

　字号：可事先设置文字大小，一般选择10~12号字

　内容的编排原则：要事第一，结论在前，分析在后，并要求用便于收信人接受的口吻陈述

　结尾套语：例如，此致！敬礼！工作顺利等

● 签名

　包括写信人的职务、公司、地址、电话、传真等

● 附件

　所发附件的内容不要太大，如有必要可以进行压缩，如果所发附件较为重要，也可以选择加密模式

图3-4　标准电子邮件的书写格式

在了解了电子邮件的基本书写格式后，就可以通过发送邮件进行工作交流。在此之前，每天早上你可以花费 3 分钟，掌握一些简单的技巧，让邮件传送更加高效。

◎ 第一分钟：记住邮箱口令

每次接收或发送邮件之前，都会要求你输入自己的邮箱口令，并要求核对口令的正确与否，若口令不正确，则不能对邮件进行操作。正常情况下，口令的输入、传送与核对大约要 30 秒。若让电脑记住口令，每次进行邮件操作之前，它会自动进行传送和核对，不要手工操作，可节省一定的时间。

◎ 第二分钟：分类管理

可以申请几个邮箱，分别用以接收和发送不同类型的邮件。例如，处理私人信件和处理公务的信件就可以用不同的邮箱，订阅不同的电子邮件杂志用不同的邮箱等。这样做可以节省你查阅相关邮件的时间。

◎ 第三分钟：使用邮箱地址簿

每次发送邮件时，都要求输入对方的邮件地址，一个字符一个字符敲上去会很没效率，实在是浪费时间。实际上，你可以用通讯簿来记忆电子邮件地址，它具有存储联系人信息的功能，使你能方便地检索出联系人信息，到时候只要轻轻点击通讯簿，就可以轻松找出相应的地址。

信息时代带来了办公现代化的革命，使工作更富成效，而这都得益于对每种办公软件的熟练使用，邮件就是其中之一。

10. 举行会议

会议也是一种重要的工作沟通渠道，如何高效地举行会议，也是时间管理的一项重要议题。事实上，很多商务人士都被每天大大小小的会议包围着，常常分身乏术，效率低下的会议经常让他们错失良机。调查也显示，一些商务人士30%～80%的时间是被会议消耗掉的。

刘先生是一家大型制造企业的财务总监，在过去的一年里，他总是感觉自己十分繁忙，也感觉事情比较乱，而且白天的大部分时间都是在开会，集团的财务管理都来不及筹划，基本是被事情追着走，非常被动。

估计这是很多商务人士共同的烦恼，那么为什么会出现这种情况呢？其根本原因就是，大多数公司的会议不注重效率。而造成会议效率低效的原因通常包括这些方面，如表3-7所示。

表3-7　造成会议效率低下的原因

原因	具体表现
时间安排不当	会议安排在即将午餐的时间，每个人都饥肠辘辘，无心开会
地点选择不当	会议地点设在经理办公室，致使会议被频繁打断，无法正常进行
开会对象不明确	必须出席会议的人未到，通知来的是一些可有可无的参加者
主持人的技能低下	会议主持人缺乏影响力、说服力，被参会者牵着鼻子跑，无法达到会议目的
参会者的技能低下	参会者发言混乱，既不知如何表意，又不知如何引退，致使会议失败
会议准备工作不充分	开会前没有通知与会者相关事宜，致使会议拖沓而无成效
开会的原因、目的和结果不明确	开会的原因、目的和结果在会议进行中忽然发现皆不明确，致使会议毫无意义、宣告失败

既然找到了原因，就要找出相应的解决方法。

首先，会前进行精心的准备。所谓有备无患，开会前做好了充分的准

备，就能避免一些不必要的麻烦，这些准备包括：

（1）开会前要充分理解议题；

（2）在会议前充分准备好开会所需要的资料；

（3）事先思考要表达的意见；

（4）准时参加会议。

其次，确保会议不"跑题"。很多时候，造成会议效率不高的一大原因就是，与会者"跑题"，比如，制订生产计划的会议，他却总是说绩效管理的问题。为了做到会中不跑题，应该做好以下几点：

（1）会前传阅议程及所有的相关资料；

（2）会前争取来自同盟者的支持；

（3）确保在会议之前明确会议目的；

（4）当与会者偏离议程时，主持人要及时提醒他们。

第三，确定与会者。

（1）尽量选择与议题直接相关的人员参会；

（2）在开会前如果发现有人不能参加，就要重新安排会议；

（3）在议程的每个项目旁列出发言者的姓名。

最后，会议议程安排。这是确保会议高效的最重要内容，需要遵循以下流程，如图 3-5 所示。

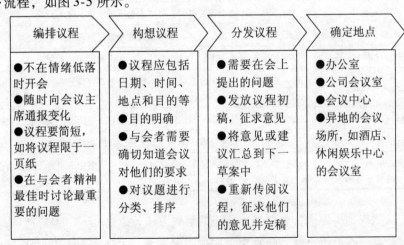

图 3-5　会议流程示意图

一个高效的会议，无疑会为你节省大量的时间，作为会议的参与者，你除了要按照会议的流程安排的进行外，还应在会议上做好自己的分内之事。比如，可以在会议召开之前花 3 分钟做以下这些事情。

◎ **第一分钟：收集信息**

作为参与者，肯定要在会议上发言和讨论，为此在会前应该做好相关信息的收集工作，以便到时候可以提出合理的意见或者建议。

◎ **第二分钟：发表意见**

在会议组织者就会议议程征集信息时，你应该客观、真实地提出自己的想法，以便让他们能够更好地完善议程。

◎ **第三分钟：准时到场**

你的迟到会扰乱会议的正常秩序，从而延长会议时间，所以准时到场是对你最基本的要求。

如果一个人想从会海中解放出来，就必须对会议进行管理。

11. 商务旅行（出差）

作为商务人士，经常要出席一些商务活动，包括研讨会、业务洽谈、出差旅游等。无论是哪一种活动，在出行之前都要进行精心的安排，如安排日程、预订机船票和旅馆、整理随身携带的洗漱用品、预支差旅费，准备必要的文件资料，以及领导在各种不同场合的发言提纲等。

要想让商务旅行顺利且高效，首先就要制订有效的计划，如表 3-8 所示。

表 3-8　商务旅行（出差）计划清单

出差人员姓名		所在部门		职务/职称	手机号码		
出差事由：							
起			讫			交通工具（包括长途汽车、自驾车、火车、飞机、轮船等）	
月	日	地点	月	日	地点		
单位或项目负责人意见							
领导意见							

另外，为了让商务旅行更加高效，还需要遵循以下原则。

首先，明确目标。凡事预则立，不预则废。出差前必须明确工作方向及工作目标，一定要清楚出差目的是什么，工作重点有哪些，要做什么工作，具体怎么做，计划达到怎样的效果。

其次，做好计划，加强时间管理。这就要求出差人员在安排好自己行程同时，遵照下面这些要点严格执行，见表3-9。

表3-9 出差时应注意的事项

要点	说明
临行前充分准备	在工作过程中再花时间去寻找所需的资料或工具，只会事倍功半，徒增出错的机会。所以事前将一切所需都准备好，随用随取
安排好路线	不要在同一天里把拜访活动分散到太广泛的区域，要抓好重点，分清主次
熟悉交通状况	对目标路线的交通状况应有所熟悉，掌握好出发的时间段，避免在交通阻塞的时间段出行
提前预约	对当天要正常拜访的客户应提前预约，确定客户有时间接待，熟悉客户的时间安排情况，以减少等候时间，最好在本次拜访结束时告知下次拜访时间
避免做计划之外的事情	尽量不做或少做与工作无关的事，如上网、喝酒、打牌等
安排好休息时间	适度休息消除压力，劳逸结合。人在筋疲力尽的状态下，容易犯错，也许隔天醒来，又要从头来过。这个时候，选择休息一天，或许工作效率会更高

最后，必须按照制度、规定执行。商务旅行（出差）与旅行不同，它最大的目标就是完成工作中的目标或者任务，因此要严格按照相关的规定执行。比如，应按照公司的出差管理制度的要求，填写出差报表、工作日志等。

有人曾说，世界上只有两种物质，即高效率和低效率；世界上只有两种人，即高效率的人和低效率的人。为了完成一次高效率的商务旅行，除了按照以上基本要求和流程进行外，还应该在动身当天做最后的冲刺，如早上花三分钟做好以下三件事情。

◎ 第一分钟：检查

动身之前，一定要再仔细检查一下自己是否有什么东西忘记带，如果有，应及时补上。

◎ 第二分钟：告知对方接站时间

在走之前，一定要再次向目的地的接站（机、船）人员确认时间，如果车次、航班等临时有变化，应及时告知。

◎ 第三分钟：整理名片夹

名片是商务人士最好的"身份证明"，一是要整理好自己的名片，以

便见面时分发；二是要整理好目的地相关人员的名片，以便有事时及时联络。

一次高效的商务旅行，既是一次业务的锤炼，也能让身心放松，而如果安排不当，那可能就会变成一次煎熬。

12. 安排休息时间

日常繁忙的工作会消耗体力，使人感觉到疲乏，如果不注意休息会很容易疲劳过度，导致无法再继续工作。所以，拼命工作之余要注意休息，合理安排休息时间才能提升效率。

休息是使你精神焕发，保证充足体力的必要条件。不过，如今很多商务人士在拼命工作时，很容易就忽略了合理安排休息时间，其后果是十分严重的，比如"过劳死""亚健康"等。

杰克是某世界五百强企业的高层管理人员，他十分注意如何管理自己的时间。每天早晨5点起床后就开始了忙碌的一天，即使是午餐时间也是十分紧张，随便吃点便当，便又开始下午的紧张工作。每天晚上则从未按时下过班，总是加班到深夜。有一年，杰克突然感觉身体不适，晕倒在办公室，慌乱的员工们将他送往医院，医生给他的忠告就是，一定要注意休息。

此时，杰克才意识到休息的重要性。

人要生存就要工作，而人要持续不断地工作，就要合理休息。有调查显示，人的精神状态，一般在上午8时，下午2时和晚上8时最佳，最佳状态持续2小时左右各有一次回落。如能利用这种起落变化，科学安排作息时间，是建立有规律生活节奏的最好办法，能够最大限度发挥智慧和潜能，既能保持大脑良好的活动状态，又能增进健康。

然而，在现实中却很少有人能按照这个规律来生活，当然这里面有些是客观存在的、不能改变的因素。不过，不管工作多忙，任务多重，无论如何要给自己留出一定的"喘息时间"。比如，阅读、写作1小时后，最好休息片刻。连续写作、阅读时间最长也不要超过2小时，否则，不仅工

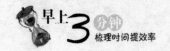
作效率不高，而且非常容易产生疲劳。此外，做实验、开会、作报告也最好中间安排一下休息，到室外活动一下，再继续进行，看起来占用了一定时间，但从长远来看还是值得的。

这就涉及如何利用时间合理休息的问题。研究表明，一个人过得轻松自在将比长期承受压力健康一倍。可见，休息是保持良好健康状态的基石。这个道理估计很多人都懂得，只是因为工作太忙，根本没有时间休息，事实果然如此吗？

其实，只要安排合理，工作和休息并不冲突，如表3-10所示。

表3-10　在不同时间段的合理的休息方法

不同时间段	休息的方式、方法
每小时	工作一段时间后，最好让自己有两三分钟的休息时间，比如，将椅子旋转至背对电脑的方向，闭目养神几分钟
每天	每天必须要预留出休息时间，在这些时间里，采取一些积极的放松方式： ● 打开你的 MP3 播放流行音乐 ● 泡上一杯加点蜂蜜的热茶 ● 进行一次 20 分钟的小型温泉治疗 ● 用薰衣草或鼠尾草香剂给自己按摩
每周	一周最少花一天时间用于休息，可以： ● 与家人来一次野餐，享受天伦之乐 ● 与友人进行一次轻松惬意的小聚 ● 躺在床上睡到"自然醒"
每年	每年要有几天年假，可以： ● 寻亲访友 ● 休闲度假 ● 旅游观光 ● 花一个星期（或者至少几天）的时间去某个地方舒适地睡觉，在游泳池边阅读，沿着海滩散步、凝视星空，安心地享受一日三餐

一直忙于工作的你，从现在起也要开始花些时间来规划自己的休息时间，因为只有休息到位了，才能更有效率地工作。不妨每天早上起来花3分钟来规划一下自己的休息问题，让自己一天的工作更加有成效。

◎ 第一分钟：检查已有的作息习惯

每个人都有不同的作息习惯，这些习惯势必支配着你每天的活动，影响着你对时间的安排，因此，要想合理地利用时间休息，首先就要了解自己的作息习惯，一方面看是否合理；另一方面从百忙中抽出时间用于休息。

◎ **第二分钟：效率降低时，立刻休息**

发现工作效率明显不高时，不必再强忍疲惫去坚持，干脆停下来休息一下。因为工作效率一落千丈时，勉强打起精神工作，就是一种浪费。

◎ **第三分钟：选择适合自己的休息方式**

休息方式多种多样，到底选择哪一种最适合，应该在早上开始工作之时就应该确定下来，从而保证一天都处于精力充沛的状态之中。

只有懂得休息的人，才能更加高效地生活和工作。

13. 一个实用的日程表

计划是实现目标的唯一手段，日程就是落实到纸上的日工作计划，通过制定一个合理的日程表，可以让你清楚地知道什么时间去做什么事情。大凡高效能人士，他们都十分注重自己的工作日程安排。

那么，如何才能做出一个实用的工作日程表呢？要做好一份工作，先做哪一步，后做哪一步，是至关重要的，这也就是制订一份有效的工作日程表的基本要求。实际上，制定日程表的最简单的方法就是，毫无遗漏地把当天一定要干的工作写在表上，然后把日程表放在桌上，干完了一件工作，就在表上画个钩。当然，这种方法是一种比较原始的办法。那么，一个高效的日程表可能要比这全面、复杂得多，一般要分为以下几个步骤见表3-11。

表3-11　制订工作日程表的步骤

步骤	说明
确定一天工作中的重要事项	找出最重要的工作，比如有些活动是事件的关键，或者说是带战略意义的重要活动，进行工作时应以这样的工作为中心
对该做的工作进行定位	能分配给别人的工作，一定要分配给他人，并挑出在这一天内必须做完，且不太好办的工作
把有联系的工作归纳在一起	把种种琐事归纳到一起，会使工作有节奏，这么做，节省了协助你工作的人的时间，你自己也可以不间断地连续利用所需的工具和其他助手
使工作与能量曲线相适应	大多数人上午精力充沛，因此要利用这段时间从事那些最有挑战性、最富于创造性的工作
无论什么工作，都要安排充分的时间	为每件工作预留出充分的时间，并尽量留出一定的余地，以备不时之需
控制自己不去干日程表中没有安排的事	尽量不做或者少做计划之外的事件，若不能避免，则要严格控制时间
注意会面时间	注意掌握谈话的内容与速度，要避免废话，尽快把话题引到正题上来

正常情况下，早晨到办公室后就要开始设计一天的日程安排，大约需要十分钟。在此过程中，先要花分三分钟来做一些准备工作。

◎ 第一分钟：非正式日程表

先试着制订一个包括全部工作计划的非正式日程表，考虑一下要做完全部工作需要花多少时间。其实，就像写作需要打草稿一样，要对全盘工作有个初步的印象。

◎ 第二分钟：找出相关性

如能把性质相同的工作放在一起做，就可以节约许多准备时间。这样一来当然就可以省去那些不必要的重复工作的时间。因此，花一分钟来盘算一下，哪些工作具有相关性。

◎ 第三分钟：留出休息时间

日程表中要有休息的时间。另外，做复杂的工作时，可以插入一些放松的活动。

通过这一系列的准备工作，就能做出一个合理的日程表（见表 3-12），接下来的工作就是按照日程表有条不紊地工作。

表 3-12　工作日程表范本

开始时间	完成时间	工作内容	参加人员	地点	备注

14. 善用空当时间

所谓"空当时间"是指工作的空当，或与人会面前后等连续两块事务之间的预留部分。例如，你为了赶赴约会，结果早到了半个小时，不知道如何打发时间；需要打开网站或下载某个内容，可是网速却慢得像蜗牛；心情不好或状态不佳的时候，不想再继续工作；所有任务都已完成，而下班的时间还未到来……

以上这些就是典型的空当时间，这样算来空当时间是很多的，日积月累可能长达几十、甚至几百小时，甚至更多。因此，必须有效地运用这些时间。

下面，先来看一下"空当时间"的具体类型，大致可分为三个层次，如图 3-6 所示。

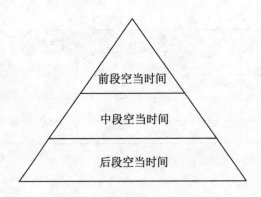

图 3-6　空当时间的三个层次

总之，空当时间利用的核心思路就是：不要让时间来支配你，而是你去支配时间。形成这种观念加之有效地实施，必能作出有效的计划分配，完成更有意义的工作。

首先，"前段空当时间"的利用方法。与人约会、参加集会、出席会议、观看戏剧或运动竞赛时，应在约定时间前半小时或一小时之内到达目的地，而这段时间，就是所谓的"前段空当时间"。利用这段时间可到安静的休闲场所，做一些工作上的准备、处理杂务、看看书、思考新构想等。

其次，"后段空当时间"的利用方法。所谓"后段空当时间"，即指在预定时刻前完成某项工作，而出现的空闲时间。比方说，与人会谈时，若言不及义、喋喋不休，再多的时间也浪费了，如能把握谈话要领、言简意赅，就可将预定的会议时间节省下来很大一部分，这就成为可自由、有效运用的时间。

最后，"中段空当时间"的利用方法。前、后段空当时间，都是在有意识的计划下产生的，而中段空当时间却往往是偶然发生的。中段空当时，许多人常因事情尚未告一段落、情绪不稳以致白白浪费了这些时间。因此建议大家，可运用这段时间作一下情绪上的调整，或思考新的构想等。

空当时间的利用效果不会立即显现，它是一个量变促成质变的过程。坚持一段时间后，你就会发现明显的变化，比如，你的知识面在空余时间内不断得到了扩充；棘手的问题在不间断的、空余时间的思考中得到了解决；兴趣、爱好越来越广泛……

总之，空当时间的利用让你受益匪浅，因此，千万不要无视那些短暂的空当时间，每天早上花3分钟来告诉自己这样三件事。

◎ 第一分钟：不要再抱怨时间不够用

很多人总是觉得时间不够用，却在等公交车时摇来晃去，抱怨公交司机不负责任，抱怨城市交通拥堵……实际上，这些空当时间如果用来做别的事，就会产生不一样的结果，比如阅读，会提高你的品位……

◎ 第二分钟：贵在坚持

有的人也会在意一下空当时间，有时他也会利用这些时间做些事情，

但是这样的念头和想法总是一闪即逝，可能今天做了，明天就忘了。这无益于事情的实际改变。

◎ 第三分钟：不要让别人挤占你的空当时间

很多时候，你会把大量的空当时间用于与人闲谈说笑，认为反正闲着也是闲着，不如放松一下。实际上，这是对时间的极大浪费和不尊重。

因此，哪怕是短短的1分钟你也不要浪费，一定要充分利用空余时间，那样会使你的意外收获更多，工作效率也更好更快地提升到新的层次。

15. 控制接待时间

在工作中难免会有迎来送往的事情，这也是工作正常进行必不可少的一个环节。在面对客户或者相关人员到访时，很多人都是既喜又气，喜得是客户络绎不绝，表明生意兴隆；气得是一些难缠的访客总是在谈完正事之后，依旧苦苦"纠缠"，让自己无法脱身，大量宝贵的时间就浪费在了这些超时的接待工作中。那么，如何才能改变这种现状，有效地控制接待时间呢？

首先，梳理接待工作的流程。这主要是为了让接待工作变得更正式、更细化一些，这样对方就会按照你安排的流程进行，来访事项完成，自然就会结束。接待工作流程，如图 3-7 所示。

其次，掌握接待过程中的礼仪。确保自己以最佳状态接待来访客人，在待人接物方面应主动、热情，既落落大方，又不卑不亢。如果是初次相识，应该做到热情迎接；把客人带到办公室或接待室交谈；凡需请领导或其他有关人员与客人交谈的，应请客人到适当地方，倒好茶水等。总之，这是为给接待工作营造一个良好的氛围，在这种友好、积极的氛围中，很容易达成共识，也能有效减少接待过程中磋商的时间。

最后，适时结束谈话。有时候，不是因为对方不想早点结束交谈，是因为对方可能觉得是你不愿意结束谈话，如果自己仓促结束，会给人留下不尊重对方的印象。因此，在接待过程中，你应该审时度势，积极探查对方的态度变化，并主动地、礼貌地结束谈话。

总而言之，作为接待者，无论是因公接待，还是接待自己的朋友，事先一定要弄清、记住客人来访的具体日期和时间，然后在客人来访前做好各方面的准备工作。在此基础上，尽量缩短来访时间，以便节省时间来处

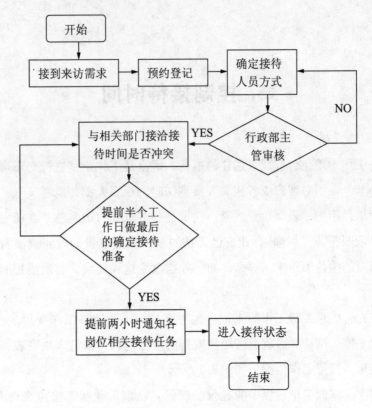

图 3-7　接待工作流程图

理工作中更重要的事情。

可以说，接待工作是对你在与人沟通，社会交往等方面能力的全面考察，很多时候这种工作几乎天天都会出现。一旦确知要接待客人，就要在早上花 3 分钟来积极准备。

◎ **第一分钟：打造良好的职业形象**

这是为了给对方留下良好的印象，没有人会喜欢与一个没有职业水准的人打交道，而职业形象的塑造，正是你职业水准的最好体现。

◎ **第二分钟：调整你的态度**

态度在这里是非常重要的，因为它决定着客人对你为人的一种感知。例如，在欢迎对方时，一定要时常发自内心地展现微笑，要以一种欢迎的态度对待采访者。

◎ 第三分钟：关注对方的需求

你只有知道来访者的真正目的和需求之后，才能给予积极的、有效的回应，也就能更快地促成合作或者完成接待任务。

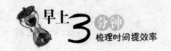

16. 机智应对突然来访者

对于大多数计划之内的来访，基本上通过事先的积极准备就能让其圆满的结束。不过，在工作中仍有很多突发情况，比如，有人未经预约突然来访。这时你该怎么办？是将其拒之门外？还是打乱原有工作计划来接待对方？

无论如何，这种情况是让你比较头疼的问题，不过，要想解决好这一问题，就要采取一些恰当的方法。

首先，要区分"突然造访者"的身份。大多数时候，不速之客，可能是客户、同事、媒体记者、推销者等，这就要求你要根据他们的身份，采取相应的措施（见表3-13）。

表3-13 接待不同造访者的措施

"造访者"身份	措施
上司或上司的客户	面对这样的"不速之客"，估计不说你也应该知道怎么做，先要热情地请他们到会客室就座，并给他们倒上一杯茶，并立即与其会面
上司的亲朋	请他们到会客室就座，并马上通知上司，再按上司的指示接待
同级管理人员	可以先问清来意，如果确实有急事或者要务，就要及时安排接待，并将工作计划做相应的调整；若只是一般性造访、闲聊，那就找个理由礼貌地拒绝
推销员	先让他们稍等，然后打电话给相关部门，如果相关部门有意向或是事先有约的话，就要指引他们过去
客户	"客户就是上帝"，但凡这类造访，就一定不要推脱，要立即安排接待，不过还应适当地注意时间控制，最重要的是要确定他突然到访的目的，如果只是一般性的造访，可以简单一些
其他不速之客	最好的办法就是，将他们交给你的助理或者秘书，请对方报上姓名、单位、来访目的等基本资料后，再决定是否接待

由此可见，做接待工作要学会审时度势，具体情况具体处理，这样才

会做到有礼有节，协调好单位和来访人员的关系，展现出良好的职业人素质。

其次，热情接待为主。其实，如果客人事先没有通知"不期而至"，作为主人，无论工作多么繁忙也要停止手中的工作，热情接待客人。如果室内卫生需要整理，可以请客人在门外稍候，陪对方说几句话，并道歉，不要冷冷地下逐客令。

最后，委婉地提醒客人离开。如果门口没有人为你挡驾，那么就应该尽量缩短接待时间，可以使用一些合理的方法，委婉提示客人离开。比如可以这么说："先生，经过1小时的深入交流，你给我们提出了这么几点要求，我都做了记录，一定按照协议给你限期解决。你的意见是宝贵的，真希望有更多像您这样热心又坦诚的人士。谢谢你的支持！"

既然"不速之客"无法避免，就要求你每天早上花3分钟提前安排好应对策略。

◎ 第一分钟：留出一点机动时间

在早上安排日程时，留出一定的机动时间，以应对诸如此类的"突发事件"。这样既不会影响正常工作的进度，又能给客人留下良好的印象。

◎ 第二分钟：提高自控能力

很多人很容易被"到访者"吸引，开始长时间的交谈，这就是本人自控力不高的表现，因此平时要注意这方面的培养，让自己清楚"最应该、最重要的事情是什么"。

◎ 第三分钟：情绪调节

不要因为受到无端的"干扰"而恼火，情绪上的波动很容易让你无法继续高效地工作，这样更是得不偿失。

其实，应对不速之客的基本方式，还是要多讲究方法和策略，不要一概拒之门外。

17. 充分利用摘要

所谓摘要，又被称为概要、内容提要。摘要是以提供文献内容梗概为目的，不加评论和补充解释，简明、确切地记述文献重要内容的短文。其基本要素包括研究目的、方法、结果和结论。具体地讲就是研究工作的主要对象和范围，采用的手段和方法，得出的结果和重要的结论，有时也包括具有情报价值的其他重要的信息。

换言之，摘要就是一项工作或者一篇文章的简要提示，从这点来看，要想对工作或者信息有个快速地了解，看摘要就是个不错的选择。这可以使你在最短的时间内分辨出本次阅读的有效性，如果确实是你所需要的资料，就可以继续深入下去，全面了解；如果不是，就可以放弃，继续进行检索。

在现实中，根据摘要作用的不同，可以分为三个类别（见表3-14）。

表3-14　摘要的类别

分类	说明	作用
报道性摘要	为了指明一次文献的主题范围及内容梗概的简明摘要，相当于简介	常见于科技论文、学术期刊等，向读者介绍论文的主要内容
指示性摘要	为了指明一次文献的论题及取得的成果的性质和水平等	使读者对该研究的主要内容（即作者做了什么工作）有概括性了解
报道—指示性摘要	以报道性摘要的形式表述论文中价值最高的那部分内容，其余部分则以指示性摘要形式表达	创新内容较少的论文，其摘要可写成报道—指示性或指示性摘要

摘要的篇幅一般都比较短，在100～200字，所以在为工作报告等写作摘要时，尽量把握这个原则，同时要保证摘要具有高度的概括性，能用最简短的文字将最重要的信息传达给阅读者。

那么，如何才能写好摘要呢？

虽然很多人在提交工作报告、项目计划书等时也会附上摘要，但都不是很合格，大部分人将摘要写成了前言、序言、引语之类的东西，更有甚者摘要与正文根本就没有多少关系，像是在"挂羊头卖狗肉"。

其实写好摘要并不难，只要按照以下几个要求进行即可，如图3-8所示。

写好摘要的四个基本要求	对正文的内容进行高度概括，简明扼要，其内容应该覆盖正文的各个部分，最忌啰唆、含糊不清、废话一大堆	待正文定型后，再摘录摘要，不可将摘要写成像序言、前言一样的篇幅，更忌废话连篇，不得要领
	摘要的主要成分、句子，应在正文中出现过的，挑选出来整理、连接一下即可，用不着去全部用另外的语言写一段"摘要"	摘要应该意思完整、语言流畅，用词准确，做到有头有尾、有条有理，让人看得清楚明白

图3-8　写好工作摘要的基本要求

摘要无疑是为你节省时间的好帮手，所以要充分利用好这个工具。最直接的方法就是，每天早晨花3分钟给自己的各种报告、文件等写上摘要，让别人看后一目了然，也为你节省了大量解释和说明的工作量。

◎ **第一分钟**：将需要写摘要的文件等整理出来

哪些文件需要写摘要，哪些不需要写，都一一罗列出来，并归到一起。

◎ **第二分钟**：写摘要前仔细阅读正文

通过阅读找出正文中的核心内容，并将其提取出来，作为摘要的内容。

◎ **第三分钟**：认真核对摘要

看摘要是否与正文一一对应，是否真正能体现正文的精神，如果不行，及时进行修改。

摘要不仅是论文的专利，它可以广泛应用到各项工作中去，因此掌握其写作要领，对于用好摘要有很大的实际意义。

18. 用彩笔标出重要事项

在阐述这个观点之前，先来看一个小故事。

大哲学家苏格拉底对来向他求教的学生们说："今天你们只做一件事，每个人尽量把双臂往前甩，然后再往后甩。"说完，他给学生们做了一遍示范。同学们交头接耳，议论纷纷。苏格拉底显然知道了他们的想法，但是他并未再做说明，只是要求说："从今天开始，每天做300下，大家能做到吗？"

同学们不屑地说："这么简单的事，谁做不到？"可是一年之后，苏格拉底再问学生这件事的时候，全班却只有一个学生坚持了下来。这个人就是后来的大哲学家柏拉图。果然，能将小事做到极致的人，其他方面也差不了。

其实，这个故事似乎与这个标题没有关系。不过，之所以将其放在开头，就是因为要告诉你一个道理——"这么简单的事，谁做不到"，这是大多数人的心态，估计大多数人在看到这个标题时，也是抱着这样的心态。

用彩笔标注重点，这是我们在很小的时候就懂得的一个方法，上学时，为了应对考试，需要标出重点。那么，可以回想一下这样做的好处是什么？

就两个字——省时。

当你看到用不同颜色的荧光笔标出的内容时，就很快找到了你应该记住什么。同样，在工作中也是一样，你可以用不同颜色的荧光笔来标注工作，比如，用红色表示最重要的工作，黄色次重要，绿色是日常事务。

这样，当你再次看到工作计划表时，就对哪些工作应该优先处理有了更直观的认识。在梳理时间这件事上，没有最小，只有更小，只有抱着将细小的浪费都避免的态度，才能不断积累起来更多有用的时间。

因此，每天早上花 3 分钟，找出当天你应该关注的重点，并标出来。

◎ **第一分钟：准备**

准备几支不同颜色的荧光笔，用来做标记之用。

◎ **第二分钟：排序**

将工作进行分类和排序，关于如何做，在前面已经有过详细的描述，不再赘述。

◎ **第三分钟：符号**

选择或者设计各种符号，用来代表重要次序。

在进行标注时，一定要合理使用各种颜色和符号，以免过于繁复，影响查看，做到既能分出重点，又能一目了然最佳。

19. 选用优秀助手

作为一个成功的商务人士，离不开一个得力的助手的帮忙，他就好比是你的左膀右臂，不可或缺。可以说，一个成功的领导者必定是知人善任的人，他必须有能够为自己选任一个得力助手的慧眼和才能。

不过，世事难料，有时也会出现"助手"变成"对手"的情形。这种情况，将使你的工作陷入被动，严重的还将会影响到公司的安危。因此，身为管理者在选择助手时一定要慎之又慎。通常，在选择助手时，预先可以准备一些关键问题，作为选择助手的判断依据（图 3-9）。

```
★ 选择助手时一定要问的 8 个关键问题 ★

● 其是否具备很强的责任心？
● 是否能很好地完成上级交给的任务？
● 工作中是否经常性地出错？
● 工作中出错后是否能主动承认，并积极地改正？
● 是否掌握熟练的业务技能？
● 是否勇于接受更复杂、困难的工作？
● 碰到一些问题时，是否勤于思考并采用较好的办法处理？
● 是否能与同事及其他部门的人员很好地相处？
```

图 3-9　选用助手的 8 个关键问题

一般情况下，能将以上 8 点要求做到的人，基本上可以判断为是一个好的助手。当然，一个好的助手也需要有一个能够"善用"他的领导。这就要求作为管理者的你，善于调动和发挥下级的积极性、主动性，与助手群策群力齐奋进。

为此，你每天早上应该花 3 分钟学习下面这些方法，以提高自己的用人水平。

◎ **第一分钟：为助手明确工作目标**

在工作当中，你要确保你的助手确实了解你的意图，并且对你所提出的工作目标完全理解，这样可以避免他们把自己的精力和你的时间都浪费在一些错误的工作上。

◎ **第二分钟：尊重你的助手**

人与人之间只有分工不同，没有高低贵贱之分，因此，要在人格上尊重你的助手，在工作上给他充分的自由，确保他在不影响工作的前提下，自由地安排自己的时间和精力，并且不要分派他们能力以外的工作。

◎ **第三分钟：肯定助手的成绩**

人都有被肯定的需求，因此你要及时地、客观地表彰那些成绩优秀的助手。这会激励他下次把工作完成得更好。

俗话说，一个好汉三个帮。一个出色的管理者至少也要有一个优秀的助手来帮，为了达到这个目的，如何选人、用人就显得尤为重要。得力的助手将大大提升你的工作成效，因此要倍加重视这项工作。

第四章

管理他人的时间

1. 良好的沟通

良好的沟通是一切工作得以顺利进行的基础，更是让工作更有效率的保障。良好而有效的沟通可以起到"不战而屈人之兵"的效果，故《孙子兵法》云："上兵伐交，中兵伐谋，下兵伐城。"一个出色的管理者肯定是个沟通高手，他总能找到最有效的沟通方式，与上司、下属以及客户等进行高效的沟通（图4-1）。

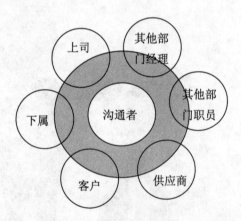

图 4-1　工作中常见的沟通对象

实际上，这里所说的沟通不只是一般的人情交流，而是一个管理范畴、管理手段，有特定的内容、职能、范围和方式等。可以说，沟通就是协调职能的扩张、润滑、强化的必经之路。

那么，如何才能够让沟通更加有成效呢？这就需要掌握以下几个技巧，见表4-1。

只要能够做到这些，你的沟通必定就会是有成效的。在工作过程中，每时每刻都需要与人去沟通，如何有效地提高自己的沟通能力，就是一个亟待解决的问题。为此，可以在每次开始沟通之前，花 3 分钟做以下这些事情。

表4-1　沟通的技巧

技巧	具体措施
正确的态度	在沟通过程中，应保持专业的坐姿，身体前倾，不要后仰，始终保持微笑，并懂得用目光与对方沟通，避免一些不礼貌的举止，如不停地看时间，玩弄钢笔，抖脚等
积极地倾听	聆听时，两眼注视说话人，靠近说话者，身体前倾，专心致志地听，不随意打断说话者的话题，懂得巧妙、恰如其分地提问
积极地反馈	站在对方的立场和角度上，针对对方最需要的方面，给予回应，例如，可以这样对你的下属说："小李，你的工作很重要。"
巧妙地赞同别人	当你赞同别人时，一定要说出来，相反，如果你不赞同他，请万万不可告诉他，除非万不得已，同时，还要避免与人争论，能够正确处理冲突
巧妙地说服	最好能够借他人之口，传自己之意，或者用成功的事例，提高说服的能力
积极地调动别人的情绪	一定要记住：情绪感染情绪，所以你自己首先要调整好自己的情绪，用最佳状态与对方进行交流，例如，感觉沟通愉快时，就要露出你的笑容来

◎ 第一分钟：选择合适的座次

座位很重要，决不能喧宾夺主，更不要居高临下，尤其是在你寻求帮助的时候，要注意将嘉宾的位子留给对方，让他产生某种优越感也未尝不可，正确的沟通方位是良好的开始。

◎ 第二分钟：注意用眼神交流

在专业演讲中，这叫做"眼神暖场"，是指用眼神来环顾全场，意在说给每一个人听。同样在私下的、小范围的沟通中也需要用眼神来抚慰对方，来告诉对方你在仔细地聆听他的讲话，或者告诉对方你此时正渴望得到他的帮助，从而使对方愿意与你交流。

◎ 第三分钟：恰当地使用语言

与人沟通时，最忌卖弄"风趣"和"辞藻"，应该用平和、中性的语言与对方交流，让人觉得你好相处。

良好的沟通，是高效工作的保证，因此一定要不断地提高自己的沟通能力，掌握一定的沟通技巧。

2. 有效委派

在日常的生活中，我们总是会发现有这样的领导，他们做事情勤勤恳恳，不管是大事小事都要亲力亲为。看起来这样的领导每天过得都十分辛苦，可是事情完成得也不好，常常把事情弄得杂乱无章，到头来是眉毛胡子一把抓。其实，什么事情都管，什么事情都抓，到头来哪一件事也做不好。

当然，对于领导来说授权也是非常不容易的，因为当领导把权力下放之后，如果控制不好的话，肯定会产生一系列严重的影响。但是如果领导不把手中的权力进行授权，什么都要亲自参与，那么就会让手下感到无所适从。

美国哈希公司的经理把杰克·伊尔伯当月的公司生产计划交给了生产部的玛丽经理，并且要求她全权负责生产计划的实施工作，当然也包括在生产计划实施过程中的人员调配、原料的供给等工作。

当玛丽接受到任务之后，就很快把生产计划中所需要的人员进行了调配，对一些机器设备进行了检查，工作看起来一切顺利。

就这样过去了一周的时间，当杰克·伊尔伯来生产部门视察的时候发现第一周的生产量就已经完成了整个生产计划的三分之一。结果杰克·伊尔伯非常生气，就把玛丽叫了过来："你说你是怎么搞的，第一个星期就完成了这么多，工人过度劳累，机器过度磨损可怎么办？"

于是玛丽就听从了杰克·伊尔伯的意见，故意把生产速度降低了下来，可是到了第二周的工作汇报会议上，杰克·伊尔伯发现产量居然比第一周降低了四分之一。这一下子杰克·伊尔伯又不愿意了，他埋怨道："玛丽，你说你是怎么回事，这周的产量怎么会下降这么多呢？你要加强对生产部门的管理啊，不然生产计划可能就无法按时完成了。"这个时候玛丽真的不知道该怎么办了。

其实杰克·伊尔伯并不是不想让玛丽全权负责，他只不过是想能够督促一下玛丽，让她把这项工作完成得更好，可是由于杰克·伊尔伯的方法不当，最后给玛丽造成了一种错觉，认为杰克·伊尔伯是想亲自出马，从而自己没有了工作的积极性，结果工作不仅没有进步，反而朝着不好的方向发展。

所以说，授权并不是一件简单的事情，一定要掌握一些方法。如果从领导科学的角度来看，授权其实是一种用人的策略，要因人而异，这样就会更加提升员工们工作的积极性和整个团队的凝聚力与竞争力。

当然，在领导给下属授权的过程中，千万不要逃避责任，更不要强人所难。在授权之前，花3分钟做到以下三点，以确保授权的有效性。

◎ 第一分钟：授权要做到权责相符

要想让下属履行他的职责，那么就必须让他有一定的权力，但是如果责大于权了就有可能打击下属的工作积极性，这样一来肯定会影响到他的工作效率，从而给公司造成损失。

可是如果权大于责，那么又可能会出现下属过度使用手中权力的情况，这样对于领导者来说就会增大管理的难度。

所以，领导在授权的时候一定要做到权责相当。

◎ 第二分钟：有目的地进行授权

授权的时候一定要有一个目标，也就是授权的目的是为了让下属更好地帮助你实现某一个目标，只有为了实现某一个目标而进行的授权才是明智的授权，正确的授权。

当然，在授权的过程中也要体现出一定的目的性，比如让下属主要负责什么工作，达到什么样的目的或者完成什么任务。只有目标明确的授权，才能够让下属深刻了解自己所承担的责任，不至于工作起来混乱不清。

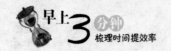
◎ 第三分钟：授权必须明确范围

一般公司都会有多个部门，而各个部门都具有其相应的一些权力和责任，所以领导者在进行授权时候，千万不可交叉授权，这样可能会导致部门之间的不和谐，部门与部门之间互相干涉，从而影响整个公司。

当然，对于领导来说，充分授权可以减少很多自己不必要去做的事情，大大减少了工作量，节省了宝贵的时间。

3. 协同同事

同事，就是一同共事的人，你们之间的关系就工作而言是一种协作关系，就个人利益而言是一种竞争关系。竞争与合作的关系像手心手背一样，是一个整体中的两个方面。同事坐在一起时可以谈天说地、欢声笑语，可往往就在这亲密、融洽的气氛中藏着密布的阴霾。尤其是站在一条起跑线上的同事，当个人利益受到损害时，就会变成笑里藏刀的对手。"同行是冤家，同事是对手"，这被奉为同事关系的真经，让同事之间成了"熟悉的陌生人"。

然而，高效的工作需要与同事协作，而非竞争。那么，如何做才能与同事达成高效合作的状态呢？只要能很好地掌握以下这些技巧，就可以达成同事间的协作（见表4-2）。

表4-2　与同事协作的技巧

技巧	说明
谦虚、低调	做人一定要谦虚、低调，不要炫耀自己的过去，同事无论在能力还是经历方面都接近，如果你总是觉得比对方强，那么肯定就不能赢得他的信任和支持
尊重他人	不随意评价同事的衣着打扮，或者处事风格，更不要在背后说别人的坏话，要尊重同事的个人习惯和隐私等
热心助人	平时不烧香，急时难求人，如果你平时就能主动帮助同事，那么当你有需要时，他们自然会向你伸出援助之手
与人为善，不要充当告密者	同事交往中，免不了要发些牢骚，说些闲话，或牵扯到某甲某乙的是是非非。你不要介入，更不要为讨好甲或乙而将这些话语传递给他们
不抢功劳	不要把功绩都揽到自己身上，更不攫取他人的成绩，不惜踩着同事的肩膀往上爬，这会令人感到十分的卑鄙可耻
一视同仁、不分亲疏	不要和某个同事过分亲密，而冷落了其他同事，这不仅会引起厚此薄彼的嫌疑，还会招致无聊同事的闲言碎语，乃至闹出一些说不清查不明的"桃色新闻"

总而言之，要想在关键时刻获得同事的支持和合作，首要的就是在同事面前注重自己的言行举止，争取给他们留下谦逊、正直、热心、大方的第一印象。

为此，利用早上3分钟来打造自己的形象，以期在同事中树立起良好的形象。

◎ 第一分钟：欣赏你的同事

无论何时，都要用欣赏的眼光来看待同事，让他们觉得自己在你心中十分重要，从而使他们产生被尊重和被重视的感觉。这样一来，他们也会用同样的态度来回报你。

◎ 第二分钟：不要将个人情绪带到工作中

一方面保证了工作的正常进行；另一方面，别人和你一样每天都在"忙碌着""烦恼着"，也想寻求轻松和快乐，所以，从为别人着想的角度出发，你还是应该少把个人情绪强加给别人。

◎ 第三分钟：信守承诺

不要轻易许下承诺，一旦许下就必须践诺，让同事觉得你是可信赖的，谁也不愿意与一个总是不守信的人共事。

有位哲人曾说："世上有三种人：一种人离生活太近，不免陷入利害冲突之中；一种人离生活太远，往往又成了不食人间烟火的隐士；还有一种人与生活保持一种恰当的距离，这种人就是豁达的人。"享受生活而不苛求，宽容大度而不自私狭隘，只有这样，你才能够与同事保持融洽的合作关系。

4. 应对上司

在工作中，很多人对上司都保持着一种"敬畏心理"，经常不知道该如何与高高在上的上司相处。和上司走得太近就会有可能被别人说你溜须拍马；离得太远，又不容易把握上司的真实想法，不利于工作的顺利开展……这些事情是让职场人士最懊恼的。该如何处理呢？

其实，轻松应对上司，与他们融洽地相处并不是难事。

首先，要充分了解上司的为人和个性。性格不同，与其相处的方式、方法也不同。因此，为了积极应对上司，先要搞清楚上司的脾气、秉性，以及处事风格等，并有针对性地采取一些措施（见表4-3）。

表 4-3　与上司相处的政策

上司的类型	应对策略
唯才是举型上司	将自己认为不错的想法或者建议，大胆地告诉他，因为这种类型的上司视"才"如命，喜欢有能力的人，不过也不可表现得太出色，让他以为要与他争"饭碗"
大权独揽型上司	对待这类上司交办的任务，一定要事前问清楚他的要求、工作性质、最后完成的期限等，并要不时地向他汇报进度，以求尽量符合他的要求，并让他感觉到，你是一直在他的指挥下工作的，因为他不能忍受下属越权行事
霸道、多疑型上司	千万不要在其他同事面前诉苦，或者抱怨上司，一旦这些话传到他耳中，你的前途将会一片黯淡。要想宣泄，就要在适合的时间，当着他的面委婉地表达一下即可
"工作狂"型上司	应对这类上司最好的办法就是，变成和他一样的"工作狂"，此外，千万不要向上司提及工作量过大，或你已完全失去私人生活这两点，而是向他解释，能否请求上边给添一个临时员工，以便保证工作的完成
"变色龙"型上司	这类上司最折腾人，今天让你这么做，明天又要那么做，总之，他的决定和想法说变就变。面对这样的上司，你一定要将他说过的话、交代过的事情记清楚，如有必要，可以记载在纸上或电脑之中，以备不时之需

总而言之，不同的上司要采取不同的应对方式，你不能改变他，只能改变你自己，将自己做到最好，接近完美不可挑剔，那么，即使再难缠的上司，也会无话可说。

因此，每天早上花三分钟来自我修炼，不断提高自己的修养和工作能力，从而提升你在上司心目中的地位和形象。

◎ 第一分钟：做好分内之事

任何一个上司都不喜欢不能按时完成任务的员工，没有比不能解决自己分内问题的下属更让他浪费时间的了。因此，提高你的工作技能、打开工作局面，同时也会提高你在上司心目中的地位。

◎ 第二分钟：积极乐观

成功的领导者希望下属和他一样，都是乐观主义者。因此，你最好不要经常说"困难""危机""挫折"等词语，而把困难的境况称为"挑战"，并制订出计划以切实的行动迎接挑战。

◎ 第三分钟：与上司保持距离

千万不要以为可以和上司成为亲密无间的朋友。因为过于亲近的接触，会暴露出你日常生活中别人不易察觉的弱点，这些弱点可能成为你事业发展的障碍。

上司就是上司，既不能唯上司是从，也不能一味地跟他对着干，如何与上司相处融洽，也是让工作顺利进行的保证。

5. 学会拒绝

在管理界有一个著名的"猴子理论"：

专家将"猴子"比作是"下一个动作"，猴子原本在下属或者别人的背上，谈话时彼此考虑，猴子的两脚就分别搭在两人背上，当你表示要考虑一下再谈时，猴子便移转到你背上。你接下了下属或者别人的角色，而他们则变成了监督者，他们会隔三差五跑来问你："那件事办得怎样了？"如果你的解决方式令他不满意，他会强迫你去做这件原本他该做的事。

结果是，这样的"猴子"你收的愈多，他们给的就愈多。于是你被堆积如山、永远处理不完的问题所困。那么，是什么造成这一困境的呢？

很简单，就是你从来不会说"不"。

那么，拒绝真的有那么难吗？

喜剧大师卓别林曾说，学会说"不"吧！那你的生活将会美好得多。想做个有求必应的好好先生并不容易，人们的要求永无止境，往往是合理的与悖理的共存，如果当面你不好意思说"不"，轻易承诺了自己无法履行的职责，将会带给自己更大的困扰和沟通上的困难。

那么，如何说"不"才更有成效呢？只要遵循以下四个原则，就会让你轻松地掌握拒绝的艺术（表4-4）。

表4-4　拒绝的原则

四个原则	带来的实效
说明除非下一个步骤已经明确界定，否则你和他人都不能离开	这样做有三种好处： ● 对方会在事前做更缜密的规划 ● 可以促使对方采取行动 ● 对工作进行描述、把下一步骤说清楚，能提高对方的工作意愿，让他们跨出最具关键性的一步

续表

四个原则	带来的实效
你和对方的交谈，要到每一只"猴子"都分配给一个人拥有之后才能结束	这样一来，对方会投入大量的时间精力把事情做得更好，他们往往比你所想的还要能干，要培养一个人的责任感，唯一的方法是给予他们责任
在把每一只"猴子"放出去面对组织丛林之前，先为它们保个险	这样做有两个好处： ● 你能自由裁量时间，以及花在监督别人上的时间及精力会大大减少 ● 别人也可以享受到自我管理的好处，从而得到更高的满足感和获得更高昂的士气
必须定期为"猴子"做检查，维持它们的身体健康	检查让你有机会发现对方是否正确地在进行某事，从而查明并及时纠正问题，给予对方合理的指导，从而降低自己的焦虑

只要你愿意，拒绝就不是什么难事，一味地应承，会让你本来就捉襟见肘的时间变得更不够用。因此，停下来，干脆地对那些"猴子"说"不"。如果做不到，那就利用每天早上的3分钟，来提高自己拒绝他人的能力。

◎ 第一分钟：不要草率地说出"不"

有时候，拒绝也要讲究方法，千万不要脱口而出，而是要站在对方的立场上严肃地思考，一定要让他知道你拒绝的真实理由。

◎ 第二分钟：态度一定要坚决

不要因为对方一再的请求，而心软、犹豫不定。这样会给对方造成以为有回转的余地的印象，对己对人都不负责任。甚至耽误对方办事，为双方之间埋下不愉快的种子。

◎ 第三分钟：拒绝要亲口说出来

千万不要碍于情面，而让别人去替你表达拒绝之意，这样足以显示自己懦弱的心态，并且非常缺乏诚意。

成功地拒绝他人的不情之请，不仅可以节省自己的时间和精力，还可以免除由不情愿行为所带来的心理压力。因此，一定要懂得说"不"。

6. 掌握他人的工作节奏

一个人去战斗是赢不了一场战役的，这样只能是自取灭亡。因此，要想工作更加有成效，就要懂得与别人一起工作。而在此过程中，你就不能再以自己的节奏为主，而是应适当地去适应对方的工作节奏，与他人保持步调一致。这样才能使双方的合作更高效。

那么，如何与他人在工作中保持步调一致呢？

首先，请对方参与目标的制定。与对方工作不合拍的根本原因就在于，双方对目标的了解和认可程度不一致。因此，在制定目标时，应该要求对方加入，在一起制定目标的过程中，每个人都会根据自己的需要，从自己的利益出发，提出对即将制定的目标的种种建议和见解，争论是不可避免的。但就在这一过程中，就可以让你洞察到目标确立应遵循什么样的原则，才能为大家所认同，而不至于使提出的目标高高在上，"不合民意"或"有悖于民意"。

其次，在这一过程中，正确的意见得到执行，错误的意见也会得到自我修正，实质上也是一个教育、说服和发动的过程。

一旦在目标上达成一致，你就能很轻松地掌握他的行动进度，因为你们都是按照同一个目标来行事的。

再次，选择有悟性、执行力强的人合作。有悟性的人对一件事情有方法性的判断，不会耽误事情的进展；而执行力强的人则不会好高骛远，布置的事情无论大事还是小事都能够完成。因此，只有与这些人合作，你才能准确地把握住他的工作节奏。

最后，团队工作意味着协调一致的合作。不过，人与人之间有时难免会发生冲突，但仅仅只限于工作上，不应该把矛盾延续下去，以致发展到

无法共事的地步。因此，你必须懂得怎样运用心理学的方法，与同事和下属保持最大限度的合作，才能最大限度地发挥他们的积极性，和你保持步调一致。

为此，就要从自身出发进行调整，每天早上花 3 分钟可以在这些方面做些努力。

◎ 第一分钟：个性修炼

保证自己个性的良好平和，避免走极端，从而确保与对方能在思想层面上做到合拍。

◎ 第二分钟：寻找积极的品质

在与他人合作时，一定要多留意他的积极品质，而不是盯着他的消极品质不放，这样才能保证他对你产生积极的影响，从而调动你们在工作上的一致性。

◎ 第三分钟：谦逊

保持足够的谦逊，在别人的行为理应受到尊敬时，向别人诚挚地致以敬意。

实际上，之所以要掌握他人的工作节奏，是因为你要与他人在合作中保持一致，从而把自己融入其中，使大家在工作中步调一致。

7. 控制、监督和反馈

由于每个人都有了具体的、明确的目标，所以在目标实施过程中，就会自觉地对照目标进行自我检查、控制和管理，这种"自我管理"能充分调动每个人的能动性和工作热情，充分挖掘自身的潜力。

为了确保目标的实现，必须有一套完善的控制系统来对目标的实施进行把握，而这个系统是由前馈控制抓起，再由监督、反馈两条线来完善控制系统，保证目标执行，见图4-2。

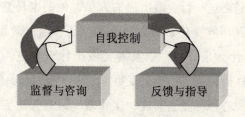

图4-2　目标实施控制系统

首先，自我控制与自我管理。目标管理的最大特点就是，能用自我控制的管理来代替上级的管理，自我控制意味着更强的激励：一种要做得最好而不是敷衍了事的愿望。在进行目标管理的过程中，最重要的要素是将团队成员实现目标的进展情况不断反馈给个人，以此来激励优秀者，鞭策落后者。

团队成员也会经常从自己的业绩追踪表上分析、检讨，找出自己工作的问题，及时调整或争取公司的支持。而且，上下级之间通过这种方式就绩效考核进行双向互动，有效排除了对立情绪。

其次，监督与咨询。在目标实施阶段，主管的监督、控制，坚持"重结果更甚于手段"的原则，充分授权并明确其责任，给成员更大的施展空

间以激发员工的热情与能动性。主管抓住关键的工作进度，以及计划工作的执行进度，以它们作为预警指标，对那些偏离计划轨道的员工做出及时沟通和调查，找出问题，提供咨询，对于表现优秀的员工采取"无为而治"的态度。

最后，反馈与指导。反馈和指导分为：正式和非正式两种。正式的反馈方式有定期召开的小组会，主管与员工共同讨论他们的工作和目标完成情况，出现问题时根据员工的要求进行专门性研讨，此外，还有定期的书面报告来往。

非正式的反馈和指导则存在于任何时候，如主管采取"走动管理"，下到基层了解情况、同员工沟通，提出对工作进展的看法等。

反馈和指导最大的作用就是，培养员工的能力。实践表明，及时的、具有建设性的反馈和指导，往往是帮助员工达成目标最有效的方式。因为大部分管理者曾经是这一行业最出色的人员，他们也是整个目标项目的规划者之一，对外界环境变化掌握得更全面，能够通过阶段性的评价反馈，帮助接受者了解什么是好的，以及需要做出什么改进。而且，平等、开放、活跃的反馈性讨论也有助于激发员工的内在潜力和灵感。

如果你仍在担心目标无法实现，工作效率迟迟无法突破，那么就要放开手，让员工们进行自我控制和自我管理，在此过程中，你每天早上只要花3分钟，做好以下工作即可。

◎ 第一分钟：有效、充分授权

将权力下放给每个员工，让他们有权按照自己的想法来执行，并且在一定范围内能够处置所遇到的突发事情。

◎ 第二分钟：为员工解释目标带来的好处

员工最关心的可能还是自身的利益，因此应该向他们详细地解释制定某项目标，能够带给组织、部门的利益是什么，他们可以从中得到什么，使他们看到自己前进的方向，得到前进的动力。

◎ 第三分钟：切勿急于求成

任何事情都不是一蹴而就的，对于员工来说，在刚刚实行目标管理时，可能对此还不习惯，所以要先对其进行引导，按照目标达成和实现的难易程度来进行设定，循序渐进、逐步推行，可以按照先易后难、近期目标较详细、远期目标比较概括、时间滚动等方式，使其从过去听从命令、领受任务的习惯做法中解脱出来。

8. 完成后的回顾

为什么要进行回顾？其实就是为了进一步提高，因为只有通过回顾目标实现的过程，才知道一路走来遇到过何种问题，以及采用了哪些解决问题的方法，还有哪些地方仍有改进的余地，有哪些经验是值得继续保留和学习的。

一句话，工作回顾就是：计划—实践—总结—再计划—再实践—再总结（见表4-5），由此不断提高工作的执行水平和效率。

表4-5（a）　月度工作回顾

部门	工作计划内容	工作标准	完成情况	备注

表4-5（b）　月度工作计划

部门	工作计划内容	完成时间	工作标准	责任人	支持条件

当然工作回顾的周期可以长可以短，可以是年度工作回顾、月度工作回顾、周工作回顾，或者日工作回顾。不过，所包含的项目基本上一样，只要按照表格所列出的项目如实填写即可。

在此过程中，你每天早上应该做的就是以下三件事。

◎ 第一分钟：回顾前一天的工作

将前一天的工作完成情况写下来，看有没有遗漏的，或者未完成的。

◎ 第二分钟：计划当天的工作

对当天的工作安排进行一下梳理，以免造成遗忘。

◎ 第三分钟：汇总

将一周以来的工作回顾表做个简单的汇总，以便在做周计划时进行参考。以此类推，将周的工作回顾表汇总起来，作为月计划的参考。

回顾就是总结，只有不断总结，才能不断提高。

9. 指示明确

指示是上级对下级特定行动的要求或禁止，指示的目的是要让员工按照你的意图完成特定的行为或工作；也是一种沟通方式，只是指示带有组织阶层上的职权关系；它隐含着强制性，会让员工有被压抑的感觉。

很显然，你怎么指示员工，员工就会怎样执行。假设你的指示一开始就不准确，那么员工执行的必然不会到位。虽然最终他们也是完成了工作，看起来还蛮有效率，但是却是最大的时间浪费，因为做出来的结果并非目标所要求的。

因此，指示一定要明确，让员工一看便知该如何去执行，同时，指示也不要轻易改变，一旦下达，就贯彻到底。否则，就会让员工无所适从，连要干什么都不知道，更不要说完成任务了。

那么，如何才能让你的指示更加清晰、明确呢？

最简单的方法就是坚持使用"5W2H法"进行设置指示，这能正确地传达你的意图，如图4-3所示。

例如："小刘，请你将这份文件复印5份，于下午2点前送到总监办公室交给总监；请一定要注意复印的质量，不要有墨渍，更不要模糊不清，因为总监要带给董事长看。"

这就是一条非常清楚、明确的指示，它之所以效果明显，是因为它遵循了"5W2H法"，并且将各个要素都体现在了指示之内。

其中：

（Who：执行者）——小刘；

（What：做什么）——文件；

（How：怎么做）——注意复印质量；

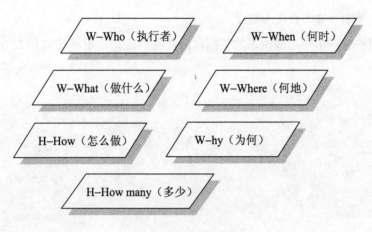

图 4-3　5W2H 法图示

（When：何时）——下午 2 点前；

（Where：何地）——总监办公室；

（How many：多少）——5 份；

（Why：为何）——要给董事长看。

这样一来，整条指示就变得相当的清楚、明确，就不怕他会做错。

在指示明确后，你需要做的是，每天早晨花 3 分钟将其发布下去，在这期间，应该做好以下三项工作。

◎ 第一分钟：发布指令

下指示时可用口头谈话、电话、书面通知、托人传递等，但能当面谈话的就不要打电话，能打电话的就不要书面通知（规定文书除外），能书面通知的就不要托人传递。

◎ 第二分钟：讲清原因

除涉及保密规定的文件之外，应向员工明示你发出该指示的原因，但不要做传话筒，说"这是上面的指示，我也不知道为什么，你照办吧！"这样一来，员工的第一个心理反应就是："你都不知道，叫我怎么做？"

◎ 第三分钟：记录

将你所发出的指示尽量都记录在工作笔记上，以便于日后记忆和传

达，也便于你自己检查与监督。

　　明确的指示是正确做事的基础，因此在制定指示时一定要讲究方法和技巧。

10. 激励员工

　　每个管理者都希望自己的员工拼命地工作，为企业创造更多的价值。因此，要使员工在工作中付出最大的努力，有效的激励必不可少。点燃员工的工作热情，最大化地激发他们的潜能，这是每个管理者都希望看到的，那么，什么才是有效的激励呢？

　　在此之前先来了解一下员工对激励的需求层次。

　　著名的心理学家马斯洛在很早之前就提出了需要层次理论，他认为人的需要能够影响他的行为，人的需要按重要性和层次性排成一定的次序，从基本的到复杂的，当人的某一级的需要得到最高限度满足后，才会追求高一级的需要，如此逐级上升，成为推动继续努力的内在动力，如图4-4所示。

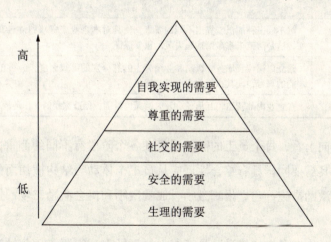

高

低

自我实现的需要
尊重的需要
社交的需要
安全的需要
生理的需要

图4-4　马斯洛需要层次理论模型

　　依照马斯洛的理论，可以将员工的需求从低到高划分为五个级别，如表4-6所示。

表4-6　员工的五个需要层次

五个层次	实际需求说明
生理需要	包括员工的衣、食、住、行等日常基本行为的保障，是最基本的需求
安全需要	包括员工在目前和对未来的安全保证，比如员工的就业安全、劳动安全、人身安全等
社交需要	包括员工与同事之间的人际关系、与整个企业团体的归属感情及对企业的寄托
尊重需要	包括员工对名誉、地位、权力和威望等的需求和要求他人对自己的认可的需求
自我实现需要	是员工对自己的理想和抱负的实现的需求

　　清楚地知道员工的需要之后，就可以有针对性地进行激励，即应建立分类、分层次、个性化、多元化的"立体激励机制"。具体可以从横向与纵向两个方面进行切入。

　　从纵向上看，根据员工不同的成长阶段应给予相应的激励，如表4-7所示。

表4-7　在员工不同的成长阶段应给予的激励措施

三个阶段	应对措施
在招聘阶段	对不同工种的员工提出不同的要求，使其对本企业工资福利待遇有合理的预期，这是防范未来激励措施失灵的重要保证
发展阶段	建立以岗位、职务、级别和业绩为主的有分别的等级制度，为员工提供发挥才能的舞台，使其在工作中获得成就感
提升阶段	在企业内部营造相互信任、及时沟通的氛围，创造宽松的工作环境

　　从横向上看，每个员工的需要尽管在各个阶段有不同的侧重，但作为社会人，其需要同样具有综合性，应从员工个体动力结构横切面的角度考虑和设计激励措施，建立报酬激励、成就激励和机会激励三位一体的激励机制。

　　为此，你在考虑如何激励员工时，每天早上一定要花3分钟来认识以下三个问题。

◎ 第一分钟：激励应因人而异

　　由于不同员工的需求不同，所以同一项激励政策起到的激励效果也会不尽相同。即便是同一位员工，在不同的时间或境遇下，对同一事物也会有不同的感受，进而产生不同的需求。因此，激励要因人而异。

◎ 第二分钟：奖惩要适度

奖励过重会使员工产生骄傲和满足的情绪，失去进一步提高自己的欲望；奖励过轻起不到激励效果，甚至让员工产生不被重视的感觉。

◎ 第三分钟：激励要注重公平性

公平也是员工自我实现的一个追求，如果其对激励的公平性有所怀疑的话，再完美的激励方案都将起不到应有的作用，因此在制定和施行激励时，一定要做到公平、公正，透明、公开。

合理的激励手段，是促进员工不断提高效率的原动力，如何做，你应该心里有数。

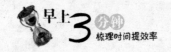

11. 适当安排社交活动

在英特尔公司有一句喊得十分响亮的口号："让员工放松、放松，再放松。"显然他们意识到了让员工充满激情工作的"秘密"。

在英特尔就职的一位雇员说，有一年英特尔在某地建立的半导体生产线即将投产，各项工作都十分紧张，但是公司却并未因此而放弃让员工放松的计划，为员工举办了热闹的"团队联谊"会。类似的社交活动在英特尔十分频繁。

其实，从中可以看出，那个"秘密"就是经常为员工安排一些适当的社交活动，在让他们放松身心的同时，享受到家庭般融洽的工作氛围，从而工作起来更富激情。

为此，公司可以定期举行各种比赛，如篮球赛、排球赛、乒乓球赛等，不要以为只有大公司可以举办这样的活动，那些小企业，也可以在周末举办这样的比赛，或者跟自己的客户一同举办，不仅可以提高员工之间的交流与合作，还可以增进与客户的关系。

另外，由部门组织的郊游、聚餐，不仅可以加强沟通，激励员工士气，提高员工满意度，而且可以培养团队精神，塑造团队文化。所以公司应该有一定的预算，鼓励员工结队出行。

适当的社交活动，实际上属于非物质激励的范畴，有管理学家曾经指出："有时，非经济激励作用非常强大，以至看起来似乎可以从根本上取代经济激励，它是经济激励的补充而非完全替代物。"

那么，如何安排非物质激励，才能更有成效呢？

这就需要在采取非物质激励的过程中，必须遵循以下三个原则（见表4-8）。

表4-8　采取非物质激励应遵循的原则

原则	说明
差异性	必须根据激励对象和环境的差异采取不同的激励方法，以达到最佳的激励效果
与物质激励相结合	要高度重视精神激励的作用，全面满足员工在尊重、发展和成就等方面的精神需要，而且要善于运用工资、奖金、福利、工作条件改善等物质手段，通过满足物质需要来调动员工的积极性
个体激励与团体激励相结合	两种方式存在互补性，把握好两者的平衡，既能让优秀人才脱颖而出，又能带动全体员工工作热情的普遍高涨

由此可见，社交活动是一个不错的非物质激励手段，其基本符合了上述几项要求。

在此过程中，你应该每天早上花3分钟来学习有关社交活动组织安排的基本知识。

◎ 第一分钟：制定活动日程

为了举办一次成功的社交活动，安排好日程非常重要，同时要考虑公司和员工两方面的便利。

◎ 第二分钟：选择场地

根据活动的性质、参与者的人数等，选择适合的场地。

◎ 第三分钟：邀请员工家属出席

这也是对员工的一种激励，因为家庭是员工的后方基地，良好稳定的家庭关系可以解除员工的后顾之忧。

事实证明，与人交流是宣泄情绪、保持心理健康的不二法宝。因此，定期为员工举办各类社交活动十分必要，既能让员工身心放松，又能扩展他们的交际圈。

12. 发挥工作餐的作用

工作餐可以有两个妙用,一是可以节省回家做饭的时间;二是可以借助就餐之时,与同事进行感情交流,从而融洽与同事的关系。随着工作节奏的不断加快,与同事一起在办公室用餐已经成为了一种惯例。

那么,如何才能利用工作餐时间,更好地促进同事交流呢?

很多人都意识到,与同事一起就餐是件方便、愉快的事,但是却不知道在此过程中要注意些什么。其实吃一餐简单的饭菜,也是非常有讲究且意义重大的。比如,在用餐过程中要注意一些小节,以免破坏了你在同事心中的良好形象。另外,办公室既是工作场所,也是公共场所,因此,更不能忽视用餐的礼仪,尤其是要注意不要因为用餐而影响到办公室里的其他人。

通常情况下,在吃工作餐时,应注意以下几个要点(见表4-9)。

表4-9　吃工作餐时的注意事项

要点	说明
用餐时间要固定	只能在用餐时才可以吃东西,不要利用午餐时间忙杂事,直到上班时间才用餐
用餐速度要快	在办公室吃饭,拖延的时间不要太长。他人可能要及时进入工作状态,也可能有性急的客人来访,如果遇到你还在用餐,双方都会不方便
用餐时尽量不要说话	用餐时不要和同事大声说笑,更不要一边吃东西一边打电话。尤其是嘴里含有食物时,千万不要讲话
不要看着别人用餐	看别人吃东西是很不礼貌的,别一直盯着其他同事看,另外,尽量不要在同事吃饭时打扰他们
少吃味道浓烈的食物	有强烈味道的食品,尽量不要带到办公室。即使你喜欢,但会有人不习惯的。况且,气味弥漫在办公室里,会破坏办公环境和公司形象

续表

要点	说明
用餐后要尽快清洁	● 开口的饮料罐要尽快扔掉 ● 掉在地上的食物，要马上捡起扔掉 ● 餐后要把桌面和地板打扫一下 ● 准备好餐巾纸，不要用手擦拭油腻的嘴 ● 及时清洗餐具 ● 用餐完毕，如果稍后会有客人来访，应事先用点空气清新剂

工作餐事小，却意义重大，也有如此之多的讲究。因此，如果你选择在办公室与同事一起用餐，就要做好充分的准备，利用早晨的时间，为自己准备既营养又健康的工作餐。因为一顿工作餐的好坏，可直接影响到一个人的身体健康和工作效率，千万马虎不得。

◎ 第一分钟：少吃"洋快餐"

因为洋快餐主要以油炸食品为主，它明显存在着"三高三低"的缺点，即高能量、高蛋白、高脂肪；低矿物质、低维生素、低纤维。

◎ 第二分钟：定时吃工作餐

在适当的时间就餐最重要。一般每天中午的11：00～13：00属正常就餐时间。但是，必须是每天中午的同一时间吃午餐，以适应胃肠正常功能的发挥与调节。

◎ 第三分钟：工作餐只吃八分饱

工作餐大都以午餐为主，建议只吃八分饱。因为用餐后，身体中的血液要集中到胃里来帮助进行消化吸收，在此期间大脑处于缺血缺氧状态。如果吃得过饱，就会延长大脑处于缺血缺氧状态的时间，从而影响下午的工作效率。

13. 选择适当的请客方式

请客吃饭是一种重要的交际方式，它可以促进双方情感的交流。为此，要处理好请客的各个环节，以便达到最佳效果。

第一，正确的安排座次。中国人对座次的安排非常讲究，在吃饭时也是如此。通常，座次应是"尚左尊东""面朝大门为尊"。若是圆桌，则正对大门的为主客，主客左右手边的位置，则以离主客的距离来看，越靠近主客位置越尊，相同距离则左侧尊于右侧；若为八仙桌，如果有正对大门的座位，则正对大门一侧的右位为主客。如果不正对大门，则面东的一侧右席为首席。

如果为大宴，桌与桌间的排列讲究首席居前居中，左边依次2，4，6席，右边为3，5，7席，根据主客身份、地位、亲疏分坐。

第二，点菜。一般情况下，要等大多数客人到齐之后，将菜单供客人传阅，并请他们来点菜。如果你是赴宴者，应该知道，你不该在点菜时太过主动，而是要让主人来点菜。具体来说，在点菜时，应该遵循以下三个原则。

（1）数量。一般来说，人均一菜是比较通用的规则。如果男士较多的宴请则可适当加量。

（2）菜肴组合。最好是有荤有素、有冷有热，尽量做到全面。如果桌上男士多，可多点些荤食；如果女士较多，则可多点几道清淡的蔬菜。

（3）宴请标准。如果是普通的商务宴请，平均一道菜在50元~80元即可，如果宴请对象比较重要，则可点几个够分量的菜，例如，龙虾、刀鱼等。

第三，敬酒。请客吃饭自然少不了喝酒，喝酒也有很多讲究（见表4-10）。

表 4-10　喝酒时的讲究

细节	说明
细节一	上司相互喝完才能轮你敬酒，敬酒一定要站起来，双手举杯
细节二	可以多人敬一人，决不可一人敬多人，除非你是上司
细节三	自己敬别人，如果不碰杯，自己喝多少可视情况而定，切不可比对方喝得少
细节四	自己敬别人，如果碰杯，一饮而尽，方显大度
细节五	端起酒杯（啤酒杯），右手扼杯，左手垫杯底，记着自己的杯子要永远低于别人的杯子

第四，倒茶。倒茶的学问既适用于客户来公司拜访，同样也适用于商务宴请。倒茶时，应该注意以下几个细节。

（1）茶具要清洁。

（2）茶水要适量。

（3）端茶要得法。

（4）添茶要先给上司和客户添茶，最后再给自己添。

第五，离席。如果要提前离开，一定要向邀请你来的主人说明、致歉，不可突然消失不见。

除了要按照上述要求进行外，还需要花 3 分钟在请客之前做些功课。

◎ **第一分钟：目的明确**

一定要有目的地请客，如是工作餐，还是为达到目的的公关餐；是为了联络感情的聚会，还是为庆祝合作成功的庆祝餐。因为吃饭的意义不同，所要达到的目的也不同。

◎ **第二分钟：精心选择作陪人员**

作陪人员一定要善于交际，能说会道，这样才有利于活跃就餐气氛。

◎ **第三分钟：做好预算**

请客是一项投资，因此一定要提前做好预算，以免陷入得不偿失的窘境。

14. 消除冲突

在工作中，同事之间、上下级之间，因为工作协调不到位等原因，经常会发生冲突，冲突会给你的正常工作带来很多麻烦，严重干扰正常的工作。因此，有了冲突一定要直面冲突、尽快加以解决。

为此，首先就要弄清楚冲突的类型，通常，工作中的冲突可以分为两种形式（见图 4-5）。

✂ 冲突的类型 ✂	
● 实质性冲突 与决策、观念、倾向性及行为有关，源于人们看待事物本质的意见不同	● 个人冲突 也经常被称为人格冲突。简单地说，发生这种形式的冲突大多是因为当事人双方互不喜欢

图 4-5　冲突的两种形式

下面就看一下冲突处理的流程，其包括以下几个步骤。

● 分清哪种冲突是不利的，必须加以解决。

● 哪种冲突是有益的，必须加以扶持。

● 查清冲突的具体原因。

● 确定处理冲突的方法。

那么，处理冲突的方法有哪些呢？常见的，被认为是行之有效的冲突处理方式有五种，如表 4-11 所示。

在日常工作中，冲突基本上是无法避免的，只能在它出现时，采取有效的方法加以消除。为此，你应该做好心理准备，并在每天工作开始之前，花 3 分钟让自己接受这种现实。

表 4-11　有效处理冲突的五种方式

方法	说明
竞争	当双方在各自的立场上互不相让，出现"要么你们对了，要么我们错了"的情况时，不妨鼓励竞争，以最终结果来证明胜负、是非曲直，这种方式适用于紧急又重要的事情，它能够节省时间，节省决策的成本，可以尽快地达成一个结论，以优先保证重要的紧急的工作的执行
回避	回避绝对不是逃避，只是延缓一下再去处理冲突，这样既可以使冲突程度得以冷却，又给冲突双方留出了足够的自我反思时间
迁就	解决问题的前提是以牺牲一方利益为前提，而更多情况下要牺牲团队利益来满足个人利益。不过这种方式的可取之处在于其可以尽快地处理事情，可以私下解决，不用找上司，可以维护人际关系
妥协	妥协常被用在解决团队与团队之间发生冲突时，妥协结果的达成需要冲突双方各让半步，这样双方利益均得到一定程度的照顾，会使冲突双方较快或及时达成共识。需要注意的是，一些根源性的问题无法用这种方式来解决
合作	通过双方彼此尊重对方意愿，同时不放弃自己的利益，最后可以达到双赢的结果，形成皆大欢喜的局面

◎ **第一分钟：承认事实**

每个人的价值观、需求期望，以及对问题的看法往往存在差异，所以冲突在所难免。

◎ **第二分钟：多交流**

尽量多抽出些时间和精力，和经常与你打交道的人进行有效的交流，更好地了解他们的价值观、信仰等。

◎ **第三分钟：不要自以为是**

有时候最糟糕的想法是，总是认为自己是对的，而别人都是不正确的，这样的观念最不利于冲突的解决。

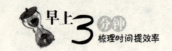

15. 使用最省时的常用语

日常用语是人们经过长期语言实践积累形成的一些约定俗成的语言方式。这些语言言简意赅，指向性十分强，使用这些日常用语进行交流，既可以达到友好沟通的目的，又能节省大量的时间。

常见的日常用语有很多，下面就列出一些，以供参考。

常见的日常用语大全

● 您好！

● 请！

● 对不起。

● 谢谢！

● 再见！

● 您早！

● 晚安！

● 请问您贵姓？

● 请原谅！

● 不用谢！

● 没关系！

● 欢迎您光临！

● 请坐！

● 请喝茶！

● 请多关照！

● 请多指教！

● 谢谢您的合作！

● 对不起，让您久等了。

● 没关系，我刚到。

● 给您添麻烦了。

● 我能为您做什么？

● 您好，请问您需要帮助吗？

● 您走好。

● 请慢走！

● 您好，我是×××（单位名称）×××（姓名），请问您找谁？

● 麻烦您请×××同志接电话。

● 请稍等，我帮您看看他在不在。

● 对不起，您找的人不在。有什么事需要转告吗？

● 对不起，您打错了。

● 我就是，请问您是哪一位？

● 请问您有什么事？

● 这是同线电话，请您再打一遍好吗？

● 对不起，我没有听明白，请您再讲一遍。

● 欢迎再来！

● 请坐，请讲。

● 请稍等，我马上给您办。

● 对不起，分管这项工作的同志不在，您可以将材料留下，我转交
  给他。

● 很抱歉，您要办的事不符合规定，我们不能办理。

● 这件事归×××（科室或姓名）管，我带您去。

● 您的手续缺×××，请您补齐再来，好吗？

● 您所反映的问题我们将尽快落实，谢谢您对我们工作的支持。

● 不用谢，这是我们应该做的。

● 有个通知请您记一下。

● 对不起，这个问题我解决不了，等我请示领导后，再给您答复

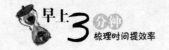

好吗?

● 对不起,这个问题一时解决不了,请您多包涵。

● 请您准时参加会议。

● 请随时和我们联系。

为了更加熟练地使用这些日常语言,每天早晨花 3 分钟做以下三件事情。

◎ 第一分钟:浏览

将这些常见的日常语言浏览一下,加深记忆。

◎ 第二分钟:适时使用

比如,早上起床后与家人互相问候,在家庭成员之间也要经常使用这些日常用语,以养成良好的习惯。

◎ 第三分钟:不可牵强附会

这些日常用语都是在特定语境下使用的语言,不可为了省时而随意使用,有时候一些重要的事情或者沟通,仅仅通过这些简短的语言是说不清的。因此,在使用时一定要考虑语境。

16. 信任下属

信任是一种独特的激励方式，充分信任，可以赢得下属对你的忠诚。

在四大名著之一的《三国演义》中有这样一个小故事：

太史慈是东吴名将，昔日曾是刘繇的部下，当刘繇被孙策杀得大败后，孙策二话不说，就派太史慈去招纳刘繇的残部。这时，很多将领都担心太史慈会恋旧主而一去不返。只有孙策却说："太史慈不是那种人，你们放心好了。"并亲自为太史慈设宴送行，握住他的手问："什么时候能完成任务？"太史慈说："不超过两个月。"果然过了 50 多天，太史慈就率领着浩浩荡荡的队伍回到了孙营。

《三国演义》中这样写道："策为人，美姿颜，好笑语，性阔达听受，善于用人，是以士民见者，莫不尽心，乐为致死。"意思是说，他非常信任他的下级，所以他的下级对他十分忠诚。

信任在现代工作中的作用同样重要（见图 4-6）。

1 信任是团队克服艰难工作的全效润滑剂

2 有助于降低因加强监督而带来的附加成本

3 有助于提高个体对团队、组织的忠诚度

4 有助于组织对团队提供更多的支持和更大的自主权

5 有助于团队绩效的提高和团队项目的顺利推进及成功

图 4-6　信任在现代工作中的重要性

可见，一个人只有在得到一定程度信任的情况下，才能愉快地投入工作，做出令人满意的成绩。因此，对于管理者来说，在必须注意的诸多事项中，最重要的一点就是要充分信任自己的下属，用信任换取下属的责任

感，使之发挥最大潜能。

为了做到这一点，每天早上要花3分钟来让自己做个信任下属的管理者。

◎ 第一分钟：相信下属的道德品质

要想对一个人完全信任，首先就要对他的道德品质有个肯定的认可，如果对他的人品不认可，其他一切都免谈。

◎ 第二分钟：相信下属的办事能力

切不可因下属的小节而止信生疑，更不宜捕风捉影，无端地怀疑，要相信他们能够完成任务。

◎ 第三分钟：充分授权

信任下属，就要给他充分的授权，让他有足够的权力去承担工作的义务，享受决策的权利。

信任下属不是一句空话，而必须付之于行动才能看见效果。

17. 尊重情感

　　情感魅力是一种人性化的情感力量，它犹如一只"看不见的手"，可以深入到人的内心世界。作为管理者，不仅要依靠物质手段激励下属，更要着眼于与下属的情感交流，善于对下属进行情感管理，从而实现工作的最佳效能。

　　最典型的事例，就是三国时期的刘备三顾茅庐，请诸葛孔明出师的故事。可以说，人是世界上最富感情的群体，情感魅力是领导者调动人的积极性的一项重要影响力。一个人生活在温馨友爱的集体环境里，由于相互之间尊重、理解和容忍，使人产生愉悦、兴奋和上进的心情，工作热情和效率就会大大提高；相反，一个人生活在冷漠、争斗和尔虞我诈的气氛中，情绪就会低落、郁闷，工作热情就会大打折扣。

　　那么，如何才能有效地对下属进行情感激励呢？见表4-12。

表4-12　对下属进行情感激励的方法

方法	要点
尊重、坦诚	● 不要对下属指手画脚 ● 用开诚布公的态度对待下属 ● 尊重下属的意见和想法 ● 勇于承认错误
了解下属	● 了解下属的个性特点 ● 了解下属的兴趣、爱好 ● 了解下属的能力特长
关心下属	● 为下属送上真心的问候 ● 给予积极的鼓励 ● 给予下属有效的帮助
经常与下属保持沟通	● 经常与下属聊天 ● 了解下属的真实想法 ● 认真倾听他们的心声

方法	要点
允许下属独立工作	● 不对下属的做法指指点点 ● 及时肯定下属的工作成果 ● 信任下属有能力把工作做好

无疑，人是企业中的第一生产力，钱没了可以赚回来，机器坏了可以换回来，但如果失去了下属的向心力，那是千金也买不来的。因此，只有赢得了下属的心，才能换来下属对你的一片赤诚。

作为管理者要实时留意，并使用情感管理，力求将这种管理方式浸入到工作的角角落落，让下属随时随地都能感受到管理者的"真情实意"。为此，你每天早上都要花3分钟，来充分认识情感管理的重要性。

◎ 第一分钟：调动下属的工作激情

相比较物质激励而言，通过情感激励给下属以恩情，可以得到下属更加强烈、更加深沉、更加持久的回报。

◎ 第二分钟：发掘下属的潜能

哈佛大学心理学教授威廉·詹姆斯说："如果没有激励，人的能力只能发挥20%～30%，如果加以激励，则可发挥到80%～90%，情感激励尤为如此。"

◎ 第三分钟：强化责任意识

情感激励通过积极干预人的内心活动，可以提高他对团队和事业的忠诚度，从而促使他用感恩的心态和主人翁精神投入工作，用强烈的责任意识去竭力追求"高效益、零失误"的工作目标。

情感管理能够调动下属的工作积极性，对于效率的提升有莫大的助益。